四川大学附属中学课程实施方案及校本课程开发与实施示例

米云林 ◎ 主编

西南交通大学出版社
·成 都·

图书在版编目（CIP）数据

四川大学附属中学课程实施方案及校本课程开发与实施示例 / 米云林主编. -- 成都：西南交通大学出版社，2023.10

ISBN 978-7-5643-7916-2

Ⅰ. ①四… Ⅱ. ①米… Ⅲ. ①课程 – 教学研究 – 中学 Ⅳ. ①G632.3

中国国家版本馆 CIP 数据核字（2023）第 195315 号

Sichuan Daxue Fushu Zhongxue Kecheng Shishi Fangan ji Xiaoben Kecheng Kaifa yu Shishi Shili

四川大学附属中学课程实施方案及校本课程开发与实施示例

米云林 / 主编　　责任编辑 / 罗俊亮
封面设计 / 吴　兵

西南交通大学出版社出版发行
（四川省成都市金牛区二环路北一段 111 号西南交通大学创新大厦 21 楼　610031）
营销部电话：028-87600564　028-87600533
网址：http://www.xnjdcbs.com
印刷：成都勤德印务有限公司

成品尺寸　185 mm × 260 mm
印张　11.25　　字数　261 千
版次　2023 年 10 月第 1 版　　印次　2023 年 10 月第 1 次

书号　ISBN 978-7-5643-7916-2
定价　58.00 元

编委会

主　　编： 米云林

副 主 编： 陈明英　熊文俊　冯小辉

编委成员： 苏　梅　刘世刚　张　谦　冯　刚　陈　琳　阙　庶　周大立　李开山
马方林　袁小琴　杨入境　林凡珺　王　旭　杨　帅　周　智　向柱文
郑　芸　董蜀章　张　翼　舒启慧　王学龙　胡　隽　许　阳　曾声蓉
崔晓勤　王　娜　谭　妍　张红琼　宋德洪　易新颖　黄立刚　任志恒
陈　奥　苏　娜　王瑞华　马　玲

序

《基础教育课程教学改革深化行动方案》《中国教育现代化 2035》《普通高中课程方案（2017 年版 2020 年修订）》《国务院办公厅关于新时代推进普通高中育人方式改革的指导意见》等文件一再提出深入推进课程改革，调整和改革基础教育的课程体系，全面落实课程方案，制定满足学生发展需要的学校课程计划；加之四川省已全面推行新高考改革，探索基于统一高考、高中学业水平考试成绩和参考综合素质评价的多元录取机制，这些都要求学校有体现人才培养特色的独特育人目标，要有系统、特色的课程群支撑，特色课程群要能推动全体学生的特色发展。学校基于需求判断、目标分析开展了十多年的核心问题教学研究，已经在“教学模块的设计及投放实践研究”“基于缄默知识的核心问题教学实践研究”“核心问题教学中的学生深度体验实践研究”“促进学生深度体验的核心问题教学评价实践研究”四个课题的框架下，将学生单纯的接受性学习转变为体验性与接受性相结合的学习，构建与实践检验活动，相应形成核心问题的教学思想、教学活动、教学目标、教学评价等系列研究成果。在此基础上，我们进行了“基于核心问题的学校课程开发与实施研究”课题研究，构建了川大附中研究性特色课程体系，形成了必修和选择性必修的学科课程、必修的综合实践活动课程、必修的劳动课程、选修的学科课程、选修的校本课程等五类课程，这五类课程的开发实施既与国家课程方案的要求完全吻合，又基本满足全体学生的全面发展与个性化学习。

基于核心问题开发与实施的各类课程，以完整合理的核心问题教学“提出问题、解决问题、反思提升、评价反馈”四环节，驱动学生在活动体验中学习。我们在基于核心问题开发实施的学校研究性课程中，更加强调要从学生的真实生活和发展需求出发，从生活情境中发现问题，转化为活动主题，培养学生以研究素养为代表的综合素养。本书分为上下两篇，上篇是在对全校师生课程行为进行纵向梳理、横向拓展、实践调整、修订完善后形成的《四川大学附属中学课程实施方案》。该方案囊括基于核心问题课程开发实施的基本思想、课程目标、课程性质、安排与设置、实施与评价、支持与保障；下篇是学校处室基于核心问题开发实施的研究性校本课程，丛书中的每个校本课程包含了《川大附中项目课程开发实施规划纲要》、一个课程教学方案、学生的一个主要研究成果等三项内容。其中《课程规划开发实施纲要》规范了课程开发实施的路径，将核心问题教学三大项十二小项的课程教学方案落实到每一节课堂，学生的成果很好地实证了课程开发实施的价值和意义，很好地凸显了基于核心问题开发实施的研究性的校本课程“一形态四功能”特色。其中“一形态”指具有核心问题教学的外在形式特征：融入情境、根植缄默、问题导向、活动体验、思维高阶；“四功能”指具有核心问题教学的内在四大作用：统筹课堂内外、践行五育并举、促进深度体验、积淀研究素养。这样基于核心问题的研究性的校本课程为培育“全面发展 长于研究”的学生打下坚实基础，促进了学校“培养—研究性”大学附中特色文化的唱响。

本成果既是学校课题研究成果的原始素材，又是课题研究成果的现实演绎。岁月流逝，川大附中的研究成果一册又一册，其探索与生成是学校教育教学一步又一步勇攀高峰的不竭动力。

感谢各级教育行政部门与教育科研部门领导专家的关怀指导，感谢各处室与全体教师的辛勤付出，学校聚焦教育教学改革的关键领域，在躬身实践中探索实践智慧、提升理论认识，又在显性表达中探索教育规律、积极举措变革，终成此研究成果，诚望方家拨冗指正。

编者
2023 年 9 月

目 录

上 篇

四川大学附属中学课程开发实施方案（修订篇）

第一部分 总 纲

第二部分 课程结构与性质

第三部分 课程规划与设置

第四部分 课程实施与管理

第五部分　课程支持与保障

第六部分　附　件

下　篇

校本课程开发与实施示例

上篇　四川大学附属中学课程开发实施方案（修订篇）

前 言

普通高中教育是国民教育体系的重要组成部分，在人才培养中起着承上启下的关键作用。课程承载着党的教育方针和教育思想，规定了教育目标和教育内容，是国家意志在教育领域的直接体现，在立德树人中发挥着关键作用。新时代的人才培养呼唤着新的课程体系。因此，要建设高质量的教育体系、实现普通高中育人方式改革落地，构建高质量的普通高中课程体系是学校义不容辞的责任。

面对经济科技的迅猛发展和社会生活的深刻变化，面对新时代对提高全体国民素质和人才培养的新要求，面对构建具有中国特色普通高中课程体系的教育期盼，《关于新时代推进普通高中育人方式改革的指导意见》、《普通高中课程方案》、普通高中各学科课程标准等文件陆续出台，为学校课程开发实施、创造性优化发展提供了指导。课程建设是近年来我校育人方式变革的重点领域之一，也是我校作为国家级新课程新教材实施示范校探索改革难点的实践举措。

学校围绕育人方式改革的关键问题设立了五年规划，以 2021 年为“新课程年”，聚焦新课程建设。一方面，紧跟国家政策文件要求，遵循国家对培养时代新人的育人要求，完善课程建设成果，有机优化学校的整体育人体系，实现“培养—研究性”大学附中的特色发展目标和“全面发展、学会研究”的育人目标。另一方面，遵循教育规律，持续追求探索学生在活动体验中的学习发展，将二十年的学科课程核心问题研究成果拓展到各类课程，系统梳理、创造新生，形成了符合国家要求、满足学生成长需求、根植学校育人理念的五育并举的研究性课程体系，为学生全面而有个性的发展提供优质学习环境。

为有效指导师生课程实践、规范学校课程管理、促进课程优化发展、发挥课程育人功能，学校特在实践基础上修订了已有的《四川大学附属中学课程开发实施方案》，站在育人的高度系统修订课程开发实施的指导思想、育人目标、规划与设置、实施与管理、支持与保障等各方面，更新了呈现内容与话语体系，纳入了课程建设最新成果，全面体现学校育人方式变革在课程方面的新近探索，以期在实践中进一步磨砺与完善。

四川大学附属中学（四川省成都市第十二中学）

2022 年 9 月

第一部分　总　纲

一、指导思想

学校课程的构建实施与改革优化必须坚持以马克思列宁主义、毛泽东思想、邓小平理论、“三个代表”重要思想、科学发展观、习近平新时代中国特色社会主义思想为指导，深入落实党的十八大、十九大、二十大精神，体现国家“十四五”规划和2035远景目标，落实全国教育大会精神，全面贯彻党的教育方针，落实立德树人根本任务，发展素质教育，推进教育公平，以社会主义核心价值观统领课程改革，着力提升课程思想性、科学性、时代性、系统性、指导性，推动人才培养模式的改革创新，致力于构建德智体美劳全面培养的教育体系、形成更高水平的人才培养体系，培养德智体美劳全面发展的社会主义建设者和接班人。

二、育人目标

学校课程建设的根本目的在于提高育人质量、实现育人目标。四川大学附属中学始建即为四川大学的附设中学堂，承续四川大学的“研究基因”，发展形成研究文化。进入新时代，面临新的发展机遇与挑战，学校深感主动对文化进行时代性优化方是保持现实发展的持久动能，于是组织力量梳理文化沿革、厘清文化脉络、优化文化表达，以“培养—研究性”大学附中为特色发展目标，以“全育·双责”为核心理念，以“全面发展、学会研究”为育人目标，坚持以研究性课程和研究性教师培养研究性学生，追求学生在德智体美劳全面发展基础上的研究素养积淀。学校育人目标与特色发展目标、办学核心理念一脉相承，现就其关键要点做说明。

1. 学校特色发展目标：“培养—研究性”大学附中

“培养—研究性”大学附中是学校转型性变革的办学愿景，即以四川大学为办学共同合作体，构建能适应时代、适应社会、育人为本、具有现代人才培养模式的学校，突出以研究性课程和研究性教师培养研究性学生的特征。既承担使学生成为现代公民的社会责任，又肩负为国家培养精英和栋梁之材的使命。学校的课程开发实施是实现学校特色发展目标的重要途径。

2. 学校核心理念：全育·双责

与学校特色发展目标一脉相承是核心理念“全育·双责”。“全育·双责”是对学校历来办学理念的高度概括与时代发展，“全育”，是对学生全体和个体进行全员全程的全面而有个性的培育。以学校教职员工为主体，联合学生家庭和社会资源，使所有课程实施和教育活动自始至终无缝融入五育并举的学生培育，促进学生德智体美劳在原有基础上主动发展、和谐发展、特色发展。“双责”，是学校、学生双方对现在、未来的双重责任。学校和教师既对学生现在的成长负责，又对学生未来的发展负责；学生既对自己现在的成长负责，又对自己未来的发展负责；双方合力使青少年成为未来合格的社会主义建设者和接班人。学校课程开发与实施要将学校“全育·双责”核心理念落到实处。

3. 育人目标：全面发展、学会研究

学校育人目标与国家要求和学校办学理念一脉相承，即促进学生“全面发展、学会研究”，以研究性课程和研究性教师培养全面发展且学会研究的学生。

“全面发展”，是学生德智体美劳全面和谐发展。学生践行社会主义核心价值观，身心健康、乐观向上、主动发展意识强烈，有做社会主义建设者和接班人的思想意识和政治认同，具有适应终身发展和社会发展所需必备品格与关键能力。“学会研究”，是学生既能把研究作为自己全面而有个性发展的重要基础,也能把研究作为认识世界、改造世界的基础。有研究自己的学习、思维、实践、性格和身体等的兴趣与常识，正确认识并主动发展自我，把个人理想与国家发展、民族命运结合起来；有发现和研究解决实际问题的社会责任感，有敢于质疑、勇于探索的研究精神，关注知识背后的思想方法和事物间的关联；有善于发现问题、提出问题、获取信息、解决问题、检验结果和推广运用的实践能力。

育人目标与学校特色发展目标、核心理念环环相扣、紧密相依，是学校课程开发实施最直接明确的方向引导。学校课程建设要指向“全面发展、学会研究”育人目标的达成，为培养学生适应终身发展和社会发展需要的正确价值观、必备品格和关键能力，为学生德智体美劳全面而有个性的发展提供坚实的课程土壤。

三、课程理念

课程体系开发实施的首要问题，是要有站位高、价值正的理念引领师生课程实践的价值取向。我们从课程体系、目标、内容、实施、技术、评价六个方面，构建学校课程开发实施的实践理念，并在广大师生教与学的实践磨砺中不断完善。

（一）课程体系凸显研究性课程培养研究性学生的学校特色

我校百年前始建即为四川大学附设中学堂，与川大长期相邻相伴深度合作，在研究性大学文化的持续深度浸润下，学校形成“在研究与改革中工作学习、在工作学习中实践研究与改革”的研究文化特色，建设“培养—研究性”大学附中，坚持“全育•双责”的核心理念，培养“全面发展、学会研究”的学生，已经成为我校育人方式变革的愿景。课程体系作为学校组织教育活动的主要载体，必须凸显研究性教师以研究性课程培养研究性学生的办学特色，使学校既承担起培养现代公民的社会责任，又肩负着为国家培养栋梁之材的使命。

（二）课程目标以促进学生全面和谐发展且学会以研究为导向

首先，所有课程均促进学生德智体美劳全面、和谐、主动的发展。促使学生践行社会主义核心价值观，把个人理想与国家发展、民族命运结合起来，有做社会主义建设者和接班人的思想意识和政治认同，具有适应终身发展和社会发展所需的必备品格与关键能力。

同时，所有课程必须促进学生学会研究。让学生既能把研究作为自己全面而有个性发展的重要基础，也能把研究作为认识世界、改造世界的基础。课程要促进学生有研究自己的学习、思维、实践、性格和身体等兴趣与常识，以便在正确认识自我的基础上主动发展自我；课程要有意识地对学生体验进行引导，促进学生关注知识背后的思想方法、价值观念，促进学生关注、发掘、欣赏、运用事物之间的关联；课程还要促使学生形成主动发现和研究解决实际问题的社会责任感，形成敢于质疑、勇于探索的研究精神，形成善于发现问题、提出问题、获取信息、解决问题、检验结果和推广运用的实践能力。

（三）课程内容面向学生生活和发展需要的真实问题的解决

《普通高中课程方案》要求“进一步精选学科内容，重视以大概念为核心，使课程内容结构化，以主题为引领，使课程内容情境化，促进学科核心素养的落实”。学校将持续研究二十年的“核心问题研究”与“大概念”进行理性比较，认为两者结合能实现课程内容的结构化与情境化，促进课程建设与改革。

基于大概念的核心问题开发实施的课程，其课程内容的关键在于所发掘的大概念，课程情境的关键在于核心问题的特征。大概念涵盖了概念知识、思想方法和价值观念三个维度，核心问题的特征决定着学生获得的学习境遇的特征，极大地影响着学生活动的性质、体验的性质及深入程度，进而影响学生全面而有个性的发展。

首先，核心问题是学生生活中的真实问题，以学生身边真实或仿真的自然情境、社会情境、科研情境等生活实践情境和学习探索情境作为核心问题背景，在课前或课中由师生通过充分调查、协商提出，因为真实问题的解决往往都触及大概念，需要很高的知识综合度和能力融合度，能促使学生从个体生活、社会生活及与大自然的接触中获得丰富的实践经验，进而形成自己观察周围环境、产生问题的方式，形成自己对问题解决的独特感觉，利于对大概念进行学习建构、使用评价，以便核心素养的积淀。其次，核心问题的设问或任务呈现方式，既要适应课程资源的时空条件，更要适应学生问题解决的身心基础、知识基础和发展需要，有一定的开放性，以便能激起所有学生的兴趣，形成悬而未决又力图解决的心理状态，容易产生纵向或者横向的新问题。最后，核心问题以学生之外的人与事为内容，它是学生认识和活动的对象，有利于将学生活动导向与客观世界为对象的相互作用。

为此，课程内容开发必须重视课程资源的开发，以课程资源的广泛丰富、真实适切来促进课程内容面向学生生活和发展需要中的真实问题解决，学校必须形成课程资源的开发、鉴别、筛选、利用、积累和联动的机制。

（四）课程实施强调学生实践活动及对学生深度体验的引导

活动体验是学生学习发展的重要机制，是学习主体与客体之间的重要中介。课程实施强调通过核心问题的提出与解决，实现学生情景实践活动特别是身体性的情境实践活动。实践活动必然产生体验，但学生在某一活动境遇中体验到什么，完全是个性化的、师生均不可能完全预计与控制的，因而学校既强调实践活动中体验的自主生成，又强调对学生深度体验的引导。学生在实践活动中所体验到的，大量的是说不清道不明的缄默知识，其中一部分经过努力可以用语言符号显性化表达，这有利于体验的修正、强化、改善和重组。因此课程实施强调在学生实践活动之后，针对活动过程和活动结果，从经验、知识、方法、技能、情感、态度、价值观念以及产生新的问题等多方面，进行个人的和集体交互的反思提升活动。

为此，在课程实施中除了关注学生实践活动方式的多样性与自主性外，还强调活动内容由简单走向复杂，使学生从较为简单的活动开始进入情境，然后再进行具有研究性的深入活动，如探究、探讨、研究、发掘、分析、猜测、设计、归纳、总结、反思、评价等。另外，在课程实施的反思活动中，注意引导学生反思归纳自己的体验，尤其是关联体验，使学生的身体动作导向更加准确而自如、认识导向更加丰富而深刻、情感导向更加积极而浓烈，促进学生对于研究精神、研究态度、研究方法的感悟，促进学生对原本不相干又似乎没有联系的问题、事物、方法等，以自己独特的方式关联起来，产生新的问题解决设想。

（五）课程技术重在数字资源、信息技术与课程的融合创新

学校积极开发管理平台、课程专用室等数字技术资源，并与省区市和集团校联合打造多级联动的课程开发共享平台，大力推进数字资源、信息技术在课程管理及教学中的应用，促进现代技术与课程开发实施的深度融合与创新发展。

在认识其巨大作用和工具本质的前提下，学校重在促进数字资源及其信息技术融入师生所开发的各类课程：改革教学内容呈现方式、学生学习方式、教师教学方式、师生互动方式、教学评价方式以及情感激励方式，推进学生在活动的深度体验中的学习与发展；保障课程开发与实施的管理，支撑课程资源库的建设，助力课程资源的采集与交互、整合与优化。

（六）课程评价注重促进师生及其课程发展的多元质性评价

课程评价以促进师生发展为出发点，我们注重多元质性评价。评价者深入课程实施之中，通过观察、面谈、原始资料分析，了解评价对象在课程实施中所获得的学习境遇特征及其活动过程和结果，特别是大概念引导下的素养目标达成情况，运用“写实记录”“研究报告”“习作呈现”“成长档案袋”等质性评价方法进行评价。除社会评价、教师评价以外，特别推崇学生的自我评价和学生间的激励性评价。针对所有课程中的教学评价，要求教师有意识地运用《川大附中大概念的核心问题教学素养目标点检测表》（后简称《点检测表》，参见第六部分附件 1）对学生体验进行评价。此评价方式需运用数据，但还是以质性评价为主，其有利于师生把握教与学的本质联系来促进学生在深度体验中的学习与发展。

课程评价要切实促进课程发展。基于核心问题开发的课程价值，在于核心问题所提供的学习境遇有利于促进全面发展基础上的研究性学生发展。据此，学生根据自身体验对课程中的核心问题、教学目标、活动内容、活动组织、教学技术、教学评价等进行评价并提出改进意见，同时从核心问题的拓宽拓深寻找新研究方向；教师根据《川大附中大概念的核心问题教学评价表》（后简称《核心问题教学评价表》，参见第六部分附件 2）对课程实施情况进行全面评价，并修改调整核心问题、教学目标、教学实

施、教学评价、课程资源等，修改课前预设的学科课程交流教案或项目课程教学方案，整理学生作品、检测习作以及体验的自我描述、课后反应等原始资料，整理教师的现场观测记录、课堂实录、检测数据以及自我回忆、看课教师反应等原始资料，以实证方式分析判断实施效果。最后将所有师生的资料整理归档，以便于课程资源共享与课程再次开发。

以上六个方面，构建起了学校课程开发实施的基本理念，成为引领师生课程实践的价值取向。

第二部分　课程结构与性质

一、课程育人的体系

（一）课程体系的结构

《普通高中课程方案》的出台与实施，进一步促进了普通高中原有课程的结构、内容、方式等全面改革。为了使课程开发实施的方向更加明确，更有利于学生发展，学校对原有课程结构、内容进行了全面梳理与校本化重构，将其中的“校本课程”细分为“校本课程”和“学科选修课程”，开发实施形成了学校的五大类课程：必修和选择性必修学科课程、必修综合实践活动课程、必修劳动课程、选修学科课程、选修校本课程。

必修及选择性必修是有国家课本的学科课程，其余综合实践活动、劳动、学科选修、校本课程这四类没有统一教材、须由学校师生自主开发的课程，我们统称为项目课程。

经过全校师生多年来持续不断的实践探索、优化更新，学校形成了数量可观与质量较高的课程群，探索明晰了各类课程须具有的课程性质，以核心素养和课程内容为导向探索出各类课程的细分领域,形成了由五大类课程 22 个细分领域构成的五育并举的研究性课程体系。结构如下图所示。

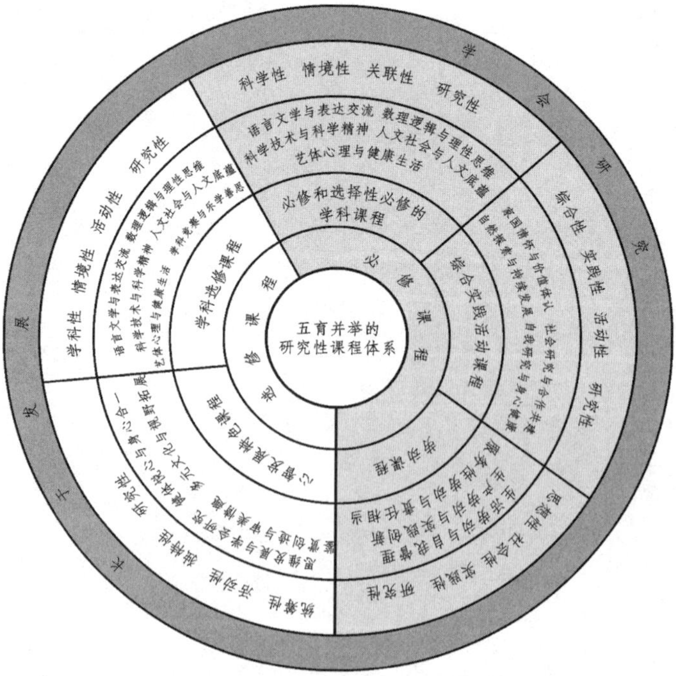

图 2-1　学校五育并举的研究性课程体系的结构图

图 2-1 圆心是“五育并举的研究性课程体系”，明确了学校开发实施课程体系的特色，“五育并举”体现国家教育方针与要求，“研究性”体现学校育人特色。第一环为必修与选修的特性，第二环为五大类课程的名称，第三环为各类课程的细分领域，第四环为各类课程的性质，最外环为学校育人目标“全面发展、学会研究”，是各类课程构成的课程育人体系合力指向之处。在育人目标指引下的各类课程统一形成了五育并举的研究性课程体系。

（二）课程领域的设置

为将课程建设与育人改革直接关联，学校结合国家文件与多年研究成果对各类课程的细分领域进行了精心设计，特此阐明。在多年的理论与实践中，学校认识到学生生活发展与环境的相关性，学习离不开情境中的活动体验，成长正是主体与客体长期互动的结果，其中国家、社会、自然与自我对个体成长都起着不可或缺的作用。因此，学校强调所有课程均从学生的真实生活和发展需求出发，为学生的成长提供优质学习境遇，注重促进学生体验与国家、社会、自然和自我之间的关联，以深度体验促进学生全面而有个性的发展。

学校站在育人方式变革的高度，为更好地培育“全面发展、学会研究”的学生，对原有的五大类课程从课程内容及育人目标两方面进行了再认识与再研究，将所有课程的细分领域均优化表达为“课程内容+发展目标”，课程内容侧重呈现该细分领域的内容指向，发展目标侧重呈现融入研究素养的《中国学生发展核心素养》中与之对应的最主要素养指向。

表达方式的模式意义背后是价值认识与追求，学校以此方式表达课程细分领域体现着课程建设的顶层设计思想，即将课程与学生发展目标直接关联，课程建设始终围绕人的发展需要，为学生发展创造优质环境，特别注重以核心问题引导下研究性活动的积淀核心素养，具体呈现如表 2-1 所示。

表 2-1　学校各课程类别及细分领域一览表

课程类别	细分领域
学科课程	语言文学与表达交流：语文、外语 数理逻辑与理性思维：数学 科学技术与科学精神：物理、化学、生物、地理（理）、信息、通用技术 人文社会与人文底蕴：政治、历史、地理（文） 艺体心理与健康生活：音乐、美术、体育、心理
综合实践活动课程	家国情怀与价值体认 社会研究与合作共建 自然探索与持续发展 自我研究与身心健康
劳动课程	生活劳动与自我管理 生产劳动与实践创新 服务性劳动与责任担当

续表

课程类别	细分领域
学科选修课程	语言文学与表达交流 数理逻辑与理性思维 科学技术与科学精神 人文社会与人文底蕴 艺体心理与健康生活 学科竞赛与乐学善思
校本课程	思维发展与学会研究 健体悦心与身心合一 鉴赏创造与审美情趣 多元文化与视野拓展

二、各类课程的结构

结合文件要求与现有基础，学校对五大类课程的具体结构进行更新，去粗取精、守正创新、有机融合、统筹育人，形成各类课程的新结构。

（一）学科课程

在国家《普通高中课程方案》、各学科课程标准、学科课本以及课程资源的基础上，我们开齐开足国家规定的学科课程。同时，基于核心问题教学对国家课程进行校本化地持续开发实施，从而开好国家课程。学科课程结构如表 2-2 所示。

表 2-2　川大附中学科研究性课程结构

课程类别	细分领域	具体学科
学科课程	语言文学与表达交流	语文、外语
	数理逻辑与理性思维	数学
	科学技术与科学精神	物理、化学、生物、地理（理）信息、通用技术
	人文社会与人文底蕴	政治、历史、地理（文）
	艺体心理与健康生活	音乐、美术、体育、心理

（二）综合实践活动课程

《中小学综合实践活动课程指导纲要》明确该课程是从学生的真实生活和发展需求出发，从生活情境中发现问题，通过探究、服务、制作、体验等方式，培养学生综合素质的跨学科实践性课程。因此，学校细化真实生活的不同维度为国家、社会、自然与自我，在“家国情怀与价值体认、社会研究与合作共建、自然探索与持续发展、自我研究与身心健康”这四个领域下开发实施丰富的综合实践活动课程。结构如图 2-3 所示。

表 2-3 综合实践活动课程结构

课程类别	细分领域	课程名称
综合实践活动课程	家国情怀与价值体认	● “听党话·跟党走·筑梦未来”党团系列活动 ● 社会主义核心价值观系列 ● 革命传统教育系列 ● 升旗仪式与国旗下演讲系列 ● 法治教育系列 ● 12·9 纪念活动 ● 五四运动纪念活动 ● 国家安全教育 ● 国防教育系列
	社会研究与合作共建	● 四川地区羌绣传承与创新研究 ● 四川地区茶业发展调研 ● 四川地区民间技艺的传承研究系列 ● 羌族文化的探究 ● 走进成都老茶馆 ● 成都历史文化女性的现实意义研究系列 ● 成都地区研学旅行系列 ● 博物馆奇妙之旅系列 ● 走近都江堰水利工程 ● 冰岛足球探秘的启示 ● 地域甜点制作及文化探究 ● 运动会火炬及点火装置制作系列 ● 广告创意风暴 ● 中学生对“翻转新闻”的态度和行为研究 ● “这个冬天不再冷”慈善义演 ● “梦想家”居住研究及设计 ● “探究农耕·传承文明”系列研究 ● 学校周边 AED 投放与布局研究 ● 学校文化的皮影表达研究
	自然探索与可持续发展	● 地域空气质量调查及改善措施研究 ● 成都府南河水质分析及对策研究 ● 生活中常见药物成分及合成研究 ● 校园园艺景观创作探究系列 ● 学校操场上空的飞虫研究系列 ● 学校防空洞食用菌种植系列 ● 校园生态有机更新——蝴蝶与环境
	自我研究与身心健康	● 个人成长之精神系列 ● 个人成长之身体系列 ● 成人仪式 ● 女性塑形与礼仪 ● 学生校服自我设计 ● 学生体质健康状况调查与提升研究 ● 校园安全疏散路线探究及优化 ● 生命的安全绳：常见意外伤害的预防与现场急救 ● 119 防灾减灾逃生技能

（三）劳动课程

学校依据教育部《大中小学劳动教育指导纲要》，努力发挥劳动教育的树德、增智、强体、育美的综合育人价值，形成了“生活劳动与自我管理、生产劳动与实践创新、服务性劳动与责任担当”的劳动课程结构。课程结构如表 2-4 所示。

表 2-4　劳动课程结构

课程类别	细分领域	课程名称
劳动课程	生活劳动与自我管理	● 劳动认识之日常生活类 ● 家庭日常生活劳动系列 ● 生活中常见面点制作系列 ● 茶饮制作研究系列 ● 居家整理与收纳研究 ● 常见女红研习与制作 ● 生活中的机械维修 ● 豆腐的制作与研究 ● 学校公物维修课程
	生产劳动与实践创新	● 劳动认识之生产生活类 ● “春耕·夏耘·秋收·冬藏”系列生产劳动 ● 无土栽培实践与研究 ● 日常化工产品研制系列 ● 海绵校园雨水花园系列 ● 文创产品研究与制作系列 ● 小件家居设计与制作系列 ● 重现文明之媒——古法造纸的研究与制作 ● 我校教室照明现状调查与改进研究
	服务性劳动与责任担当	● 劳动认识之服务性劳动 ● 职业体验 ● 区域内志愿服务系列 ● 校园志愿服务系列 ● 光盘行动倡导研究

（四）学科选修课程

选修的学科课程是深化普通高中课程改革的重要内容，是贯彻落实国家“推动普通高中多样化发展”的重要举措。我们立足《普通高中课程方案》和各学科课程标准，基于核心问题开发实施了“语言文学与表达交流、数理逻辑与理性思维、科学技术与科学精神、人文社会与人文底蕴、艺体心理与健康生活、学科竞赛与乐学善思”的学科选修课程。结构如表 2-5 所示。

表 2-5　学科选修课程结构

课程类别	细分领域		课程名称
学科选修课程	语言文学与表达交流	语言	● 汉字汉语进阶 ● 我是演说家 ● 播音与主持 ● 旅游英语研习与实践 ● 中学生英语辩论 ● 英语演讲研习 ● 英语翻译研习 ● 英语趣配音 ● 英语进阶 ● 雅思系列
		文学	● 古典格律诗词及中国风歌词创作及诵读研究 ● 毛泽东诗词专题研讨 ● 科幻文学研讨系列 ● 鲁迅作品研读系列 ● 整本书阅读系列之李元胜《无限事》专题研讨
	数学学习与思维逻辑	数学建模	● “惠”选手机套餐 ● 网络画板与高中数学系列
		艺术体育文化中的数学	● 上帝的指纹——拥有一双数学的眼睛 ● 美与数学：影视文化美学中的数学原理研究 ● 走进数学之美 ● 艺术作品中的数学 ● 数学文化研究系列
		高等数学初步	● 走进线性代数 ● 微积分运用
	科学技术与科学精神	物理	● 宇宙奥秘初探 ● 核能的利用与防护 ● 肿瘤的放射性治疗研究 ● 实验探究影视作品中的科学技术 ● 物理学史中的经典案例研究 ● 乐器发音的奥秘 ● 哥德堡机械制作研究
		化学	● 金属资源开发利用系列 ● 废旧电池的回收利用 ● 清洁剂系列
		生物	● 学校常见传染病防控 ● 不同植物提取物的抑菌活性研究 ● 防空洞菊花组织培养技术初探 ● 仿生学原理及其运用 ● 校园生态和生活有机更新系列

续表

课程类别	细分领域	课程名称	
学科选修课程	科学技术与科学精神	地理	● 乡土环境问题调查及环境地图的绘制 ● 灾害地理的防灾减灾设计 ● 行走地理系列 ● 校园手绘地图绘制 ● 虚拟天文馆 ● 四季星空 ● 月相观测 ● 太阳日出日落方位和太阳高度角的观测
		技术	● 移动应用设计 ● 测试计算机硬件性能之算法研究 ● 川大附中南门人脸识别系统算法探究 ● 桥梁设计与模型制作 ● 人工智能初步 ● 智能机器人的设计与制作
	人文社会与人文底蕴	政治军事	● 数学与战争 ● 从阿富汗撤军说起 ● 我看台湾 ● 模拟法庭 ● 中国军用飞机发展路径探析
		财经生活	● 自主创业设计方案研究 ● 中学生财商提升研究 ● “央妈财爸”策略研究
		历史人文	● 生活哲理小故事中的哲学思想研究 ● 三星堆文化跨媒介探秘 ● 成都地区名人家风研究系列——杨慎家族、彭家珍家族、李劼人家族、巴金家族 ● 从性别视角研究中国历史——以成都地区代表女性为例 ● 从性别视角研究西方历史——以西方不同时空女性为例 ● 走进英语国家社会与文化 ● 英国文化及产业探究 ● 走近希腊与罗马神话 ● 中日文化对比研究 ● 中国民俗研究
	艺体心理与健康生活	艺术与健康	● 合唱 ● 美术史论基础 ● 速写基础 ● 素描基础 ● 色彩基础 ● 艺术创作与设计基础 ● 版画——漫步年画 ● 书法鉴赏与电子书法制作系列 ● 中国象棋

续表

课程类别	细分领域	课程名称	
学科选修课程	艺体心理与健康生活	运动与健康	● 健美操创编与展示 ● 定向越野 ● 运动与营养 ● 常见运动损伤的预防和处理 ● 医疗体育
		心理与健康	● 探索未来之路——生涯发展规划探究 ● 人际密码：人际交往情境中自我与他人行为研究
	学科竞赛与乐学善思	● 中学数学竞赛 ● 中学物理竞赛 ● 中学化学竞赛 ● 中学生物竞赛 ● 中学信息技术竞赛 ● 人工智能算法竞赛课程 ● 中学地理竞赛	

（五）校本课程

学校以“全面发展，学会研究”为育人目标，强调研究性学生的关键要素是思维培养和视野开阔，为此，特地开发实施形成了“思维发展与学会研究、健体悦心与身心合一、鉴赏创造与审美情趣、多元文化与视野拓展”的研究性校本课程。结构如表2-6所示。

表 2-6　校本课程结构

课程类别	细分领域	课程名称	
校本课程	思维发展与学会学习	● 研究基础课程	
		创新思维发展系列课程	顺应时代潮流，转变学习方式 创新活动探秘之创新活动根植缄默知识 创新活动探秘之创新活动中的典型思维运用与剖析 川大附中课程学习小故事撰写
	悦心健体与身心合一	● 秋季田径运动会 ● 春季球类综合运动会 ● 生涯规划与发展指导系列课程 ● 心理班会系列课程 ● 5·25心理健康节 ● 高中生情绪调控研究 ● 心理问题监控与干预	
	鉴赏创造与审美情趣	● 花艺创作与节庆文化探究 ● 校园歌手大赛 ● 书法现场赛 ● 校园剧创编与展演 ● 魅力合唱 ● 社团文化周 ● 五四表彰晚会暨闭幕会演	

续表

课程类别	细分领域	课程名称
校本课程	多元文化与视野拓展	● 国家语言与文化交流系列 ● 高普衔接系列 ● 大学·附中联盟建设探索与实践系列 ● 校友大讲堂系列 ● 中美 AP 先修系列 ● 王牌飞行员训练营 ● “IDEAS”课程节

学校开发实施的五育并举研究性课程体系，与国家课程方案、普通高中育人方式变革的要求完全吻合，满足全体学生的全面发展与个性化学习需求，实现“全面发展、学会研究”的育人目标。

三、各类课程的性质

优化课程开发实施是育人方式改革的重要内容之一，课程质量影响着育人方式改革的落实。为开好各类课程，促进学校课程走向系列化、精品化、特色化，使课程永葆创新活力以符合时代发展、满足学生需求，学校基于政策学习、理论钻研与研究实践，探索提炼出各类课程的“四性”，宏观上引导各类课程符合政策要求、契合育人目标，微观上指导、规范课程开发实施的具体行为。

需要统一说明，由于学校的文化追求，各类课程都共同而显性地体现着研究性、共同或显或隐地体现着活动性。具体原因：学校崇尚活动体验中的学习与发展，强调学生身体性与心理性的活动，因而活动性或显或隐地体现在各类课程中；学校以“培养—研究性”大学附中为特色发展目标，所构建的课程体系是五育并举的研究性课程体系，基于大概念核心问题开发实施的各类课程特别强调凸显“研究性”，研究性在各类课程的表达既具有共性又各有特点：共性体现在三个方面，即问题或任务具有研究性、活动形式具有研究性、功能达成具有研究性；具体表现随着课程类别不同而有所差异。

（一）学科课程的性质

在符合国家对课程思想性、时代性、基础性、选择性、关联性等原则要求基础上，学校基于“培养—研究性”大学附中办学特色，本着“全面发展、学会研究”的育人目标，特提出学科课程的性质要求。

1. 科学性

从课程内容看，核心问题教学中，既强调以严谨的态度确保学科知识及结构的科学性，又强调以理性的思维凸显学科知识形成及运用过程的科学性；从课程育人看，既注重通过对学科知识的理解与内化形成正确的学科观念，又注重通过学科知识与运用形成科学的学科思维，把握学科本质，促进学生在构筑文化基础中树立正确的价值观念，积淀人文底蕴和科学精神。

2. 情境性

从课程内容看，强调核心问题教学中的问题是学科知识与真实的生活、社会、生产、科研等情境整合的结果；从课程育人看，既注重从生活实践情境中提出学科问题，并在学习探索情境中加以解决，生成学科知识与方法，又注重在生活实践情境中发现实际问题，并主动调用学科知识与方法在学习探究情境中加以解决，促进学生在社会参与中责任担当、实践创新。

3. 关联性

从课程内容看，核心问题教学中，既强调学科知识、思想方法、价值观念间的关联，以学科大概念为核心，使学科内容结构化；又强调学科知识与实际情境的关联，以主题为引领，使学科内容情境化；从课程育人看，既注重学科知识与学科核心素养的关联，又注重问题情境、学科知识的生成及运用过程与学生活动认知体验的关联，促进学生在对关联的深度体验中积淀文化基础，获得自主发展。

4. 研究性

从课程内容看，在核心问题教学提出问题、解决问题、反思提升、评价反馈等一般研究环节中，既强调以学科的研究眼光发现并提出问题，又强调以学科的研究思维分析并解决问题，还强调以学科的研究语言提炼并表达研究成果；从课程育人看，注重学生亲历学科研究活动，在深度体验中积淀社会责任感、研究精神、实践能力等研究素养。

（二）综合实践活动课程的性质

综合实践活动课程的“四性”，即综合性、实践性、活动性和研究性，以激发和引导学生在动手动脑、躬身实践解决生活实际问题中获得更为丰富深入的体验，积淀核心素养特别是研究素养。

1. 综合性

一是知识的综合运用，强调在问题的提出、分析、解决中打破学科界限，突出跨学科、多学科知识的综合运用；二是素质的综合发展，强调从人的整体角度促进学生综合素质的发展，在个人与国家、与社会、与自然、与自我的内在联系中，发展综合素质，特别是核心素养和其中的研究素养。

2. 实践性

一是核心问题要基于学生的真实学习生活和真实发展需要从真实生活情境和学习探索情境中提出，同时关注核心问题的社会价值；二是核心问题要有利于学生亲自动手动脑、全身心投入实践活动，有利于学生从个体生活、社会生活及与自然的接触中获得丰富的实践经验或者是融入了个人感觉和情感的“具体体验”。

3. 活动性

一是核心问题的设问或任务呈现方式，既要适应课程资源的时空条件，也要适应学生问题解决的身心和知识基础，使所有的学生都能参与活动，并且发挥作用；二是活动方式的多样与自主，在核心问题引导下学生自主进行探究、服务、制作、体验等活动；三是活动内容的并列递进或纵深递进，活动内容由简单走向复杂、由点到面，活动时间长短结合，最好能够系列化。

4. 研究性

首先，突出核心问题活动形式的研究性，如进行探究、探讨、发掘、猜测、预测、设计、反思、评价等；其次，核心问题对学生而言是一个具有一定挑战性的跨学科实践性新问题或者新任务，能使学生内心形成悬而未决又力图解决状态，激起学生研究兴趣；最后，核心问题具有促进学生关于研究精神、研究态度、研究方法、研究思维体验的功能，具有引导学生深度体验尤其是关联体验的功能。

（三）劳动课程的性质

学校劳动课程是在认识劳动教育的时代要求、根本特征的前提下基于核心问题开发实施的，因此在符合“鲜明的思想性、突出的社会性、显著的实践性”的国家要求之外，还具有“必然的研究性”，以培养学生以研究的眼光参与劳动，培养正确的劳动技能、劳动观念、劳动价值。

1. 鲜明的思想性

必须将马克思主义劳动观贯彻始终，强调劳动是一切财富、价值的源泉，劳动者是国家的主人，一切劳动和劳动者都应该得到鼓励和尊重；倡导通过诚实劳动创造美好生活、实现人生梦想，反对一切不劳而获、崇尚暴富、贪图享乐的错误思想。

2. 突出的社会性

必须加强学校教育与社会生活、生产实践的直接联系，发挥劳动在个人与社会之间的纽带作用，引导学生认识社会，增强社会责任感；同时注重让学生学会分工合作，体会社会主义社会平等、和谐的新型劳动关系。

3. 显著的实践性

必须面向真实的生活世界和职业世界，引导学生以动手实践为主要方式，在认识世界的基础上，获得有积极意义的价值体验，学会建设世界，塑造自己，实现树德、增智、强体、育美的目的。

4. 必然的研究性

主动的劳动者在真实的劳动情境中，不仅仅把劳动作为任务来完成，还必须将其作为一个对象来研究，从现实状况与理想状态的对比中主动发现问题、解决问题、提高劳动效率和劳动质量，锤炼意志品质，敢于在困难与挑战中高质量完成劳动任务，获得创造性劳动体验并提高研究素养。

（四）学科选修课程的性质

学科选修课程的“四性”，即学科性、情境性、活动性、研究性，既与学科课程的性质相关联，又体现着其满足学生的学科兴趣、研究倾向、职业选择，为学科兴趣浓厚、学科专长明显的学生提供挑战性的学习机会，从而促进个性发展的特性。

1. 学科性

从课程内容看，强调核心问题教学中的问题须满足学科性质基本要求，具有显著的学科特点；从课程育人看，核心问题教学中的活动要体现学科课程目标导向，凸显学科核心素养，充分发挥学科育人功能。

2. 情境性

从课程内容看，强调核心问题教学中的背景尽可能是教学内容与真实的生活、社会、生产、科研情境整合的结果；从课程育人看，核心问题中的背景须能促进学生融入生活实践情境和学习探索情境，激发产生问题、解决问题的欲望与行为，能够新生并列性或递进性新问题，充分发挥情境育人功能。

3. 活动性

从课程内容看，强调核心问题教学中的“活动”方式须丰富多彩且层层递进，能促进学生打破缄默，将思维导向高阶；从课程育人看，层层递进、不断深入的人境交互活动须能促进学生深度体验，发展凸显着学科核心素养的学生综合素养，充分发挥活动育人功能。

4. 研究性

从课程内容看，强调核心问题教学中问题的发现、确定、表达、解决和评价均须包含凸显学科研究方法及学科思维方法的深入研究，形成体现学科本质的研究成果；从课程育人看，融入情境、思维高阶的研究须能促进学生积淀融入学科核心素养的研究素养，用于指导自身的日常学习与生活，充分发挥研究育人功能。

（五）校本课程的性质

校本课程的“四性”，即统筹性、独特性、活动性、研究性，以“全面发展、学会研究”为育人目标的活动体验提升学生核心素养，特别是研究素养。

1. 统筹性

从课程内容看，基于核心问题开发实施的校本课程须统筹课堂学习与课外实践；从课程实施看，应统筹规划全校所有学生投入课程学习活动以获得深度体验；从课程育人看，学生能在课程核心问题引导下的活动体验中统筹全面和谐发展与个性特长彰显。

2. 独特性

从课程内容看，核心问题教学中的问题须反映“培养—研究性”大学附中特色；从课程实施看，课程应沿核心问题教学“提出问题、解决问题、反思提升、评价反馈”四环节推进；从课程育人看，学生能在问题的发现、提出、解决、反思、评价等研究活动中积淀包含研究素养在内的核心素养。

3. 活动性

从课程内容看，核心问题须营造源自学生真实生活的躬身实践活动与学习探索活动的研究情境；从课程实施看，核心问题教学中强调学生以身体性和心理性活动参与问题解决过程中，应注重缄默知识的发掘、表达与运用，促进其与显性知识的转化与融合；从课程育人看，学生能在人境交互激发、两类知识融合的研究活动中获得深度体验，全面发展、学会研究。

4. 研究性

从课程内容看，核心问题教学中的问题部分须直指研究客体或凸显研究的客体，活动部分须富含思维高阶的研究活动；从课程实施看，应按承载研究问题基本流程的核心问题教学四环节推进，且各环节均注重研究思想与研究方法的学习与运用；从课程育人看，学生能在针对研究客体、经历完整研究过程、主动运用科学研究思想与方法的研究活动中获得深度体验，积淀社会责任感、研究精神、实践能力等研究素养。

第三部分　课程规划与设置

一、毕业学分要求

按照国家《课程方案》的要求，高中学段的学生毕业最低学分要求为 144 学分，其中必修课程共 88 学分，选择性必修课程 42 分，选修课程 14 学分。学生完成相应课程规定的学习并考试或考核合格，即可获得相应学分。

二、课程学分分配

学校全面贯彻党的教育方针，落实立德树人根本任务，着力构建适应学生全面而有个性发展的育人体系，为开齐、开足、开好各类课程，对课程体系中的学分分配进行统一把握。

针对学科课程，严格按照国家要求落实学科课程，保证学科课程的开设质量，保证学科课程的课时、学分。

针对项目课程，特遵循学分区间，制订川大附中项目课程学分规划。《普通高中课程方案》规定必修的综合实践活动课程、必修的劳动课程、选修的校本课程（包括学科拓展、提高类课程）等总学分应不少于 28 学分。

本着促进学生全面而有个性发展的育人初心，既确保所有学生不仅能修满毕业要求的最低学分，又能够自主修习个性发展课程，获得相应学分，学校整体规划了项目课程的学分安排。同时基于学校“全面发展、学会研究”的育人目标创造性地对项目课程修习要求进行了优化，将项目课程中的必修课程分为“统一必修”和“选择性必修”两个部分，将项目课程中的选修课程分为“统一选修”和“自主选修”两个部分。“统一必修”和“统一选修”由学校统一规划学分，全校学生均须参与修习；“选择性必修”由学校规定目标学分、提供一定数量的课程，由学生自主选课，修满目标学分；“自主选修”由学校划定学分区间、提供一定数量的课程，由学生自主选课，获得相应学分。

具体到四类项目课程：必修的综合实践活动课程和劳动课程，分为“统一必修”和 “选择性必修”；校本课程分为“统一选修”和“自主选修”；学科选修课程均为“自主选修”。四类项目课程的学分规划如表 3-1 所示。

表 3-1　川大附中项目课程学分规划表

《普通高中课程方案》要求			学校规划
课程类型	课程类别	学分及内容要求	
必修课程（14 学分）	综合实践活动课程	共 8 学分。 包括研究性学习、党团活动、军训、社会考察等，研究性学习 6 学分（完成 2 个课题研究或项目设计，以开展跨学科研究为主）	综合实践活动课程至少修满 10 学分，其中统一必修 4 学分，选择性必修 6 学分。 （一）统一必修（4 学分） 1.党团活动、军训、社会考察等，共计 2 学分。 2.纪念“一二・九”活动课程，1 学分。 3.国家安全日教育课程，1 学分。

续表

《普通高中课程方案》要求			学校规划
课程类型	课程类别	学分及内容要求	
			（二）选择性必修（6 学分） 学校每学期划定时间，为全体高一、高二学生提供近百门综合实践活动课程，供其自主选择；每位学生每学期选修一门课程，修满后获得 1.5 学分，两学年 4 个学期，共计 6 学分。 （说明：因学校所有综合实践活动课程都基于核心问题开展，均具有综合性、实践性、活动性和研究性，均为跨学科的研究性学习）
必修课程（14 学分）	劳动课程	共 6 学分。 其中志愿服务 2 学分，在课外时间进行，三年不少于 40 小时；其余 4 学分内容与通用技术的选择性必修内容及校本课程内容统筹起来	劳动课程至少修满 9 学分，其中统一必修即可修满 9 学分，选择性必修不作硬性要求，鼓励积极参与。 （一）统一必修（9 学分） 1.服务性劳动 （1）校园值周志愿服务系列活动：高中三年共 2 次，按每天工作至少 80 分钟、每周 5 天计算，共计 1 学分。 （2）校外志愿服务：课外进行，三年时间不少于 20 小时，共计 1 学分。 （3）职业体验：高一、高二的四个寒暑假进行，共计 2 学分。 2．生活劳动 高中三年每期一个主题展开，共计 1 学分。 3．生产劳动 （1）课外生产劳动：高一、高二学生于校外劳动基地集中劳动；每年劳动 3 天，每天 9 课时，共计 3 学分。 （2）课内生产劳动：与通用技术选择性必修内容统筹融合， 计 1 学分。 （二）选择性必修（x1 学分） 虽然统一必修已修满《普通高中课程方案》要求的 6 学分，学校仍提供丰富的研究性劳动课程，供学生根据自身情况灵活安排、自主选择，可获得相应选择性必修学分。
选修课程（不少于 14 学分）	校本课程	不少于 8 学分	校本课程至少修满 9 学分，其中统一选修即可修满 9 学分，自主必修不作硬性要求，鼓励积极参与。 （一）统一选修（9 学分） 1.研究基础课程（0.5 学分） 高一入学时统一参与，计 0.5 学分。 2.思维系列课程（2 学分） 高一、高二 4 个学期，面向所有同学开设，共计 2 学分。

续表

《普通高中课程方案》要求			学校规划
课程类型	课程类别	学分及内容要求	
选修课程（不少于14学分）	学科选修	与校本课程一起不少于14学分。在必修和选择性必修基础上设计的学科拓展、提高类课程，参照各学科课程标准开发，根据实际情况统筹规划	3.“运动会”系列课程（3学分） 高中三年每年一次，共计3学分。 4.“艺体节”系列课程（2学分） 高一、高二每年一次，共计2学分。 5.学生发展指导系列课程（1学分） 适时为学生开设生涯规划、高三发展指导等校本课程，共计1学分。 6.高普衔接课程（0.5学分） 为全校学生提供内容丰富、形式多样的高普衔接课程，供学生据自己发展所需自主选择，共计0.5学分。 （二）自主选修（x2学分） 虽然统一选修已达到《普通高中课程方案》要求的不少于8学分，学校仍提供丰富的研究性校本课程，供学生根据自身情况灵活安排、自主选择，可获相应自主选修学分
			学科选修课程均为自主选修，应修满6学分。 学校每学期划定时间，为全体高一、高二学生提供近百门学科选修课程，供其自主选择；每位学生每学期选修一门课程，修满后获得1.5学分，两学年4个学期，共计6学分

三、课时安排建议

针对学科课程，学校从促进学生德智体美劳全面发展的角度出发，严格按照国家文件要求，遵循各学科课程标准，实施新课程新教材，开足开齐开好每门课程；杜绝唯分数论，重视高考学科与非高考学科。

针对项目课程，学校安排了校内固定课时和校外灵活课时，一方面可有效弥补校内固定课时的不足，另一方面可便于利用高校、场馆、基地等各种社会资源，实现课堂教学与课外实践的有机融合，为学生提供广阔的成长空间。

校内固定课时：每学期进行两门项目课程，每门共五次集中授课，间周一次展开，每次两个课时，具体时间为高一年级每学期1至10周的周二下午3~4节，高二年级为每学期1至10周的周三下午3~4节，面向年级全体学生展开。

校外灵活课时：以课程组统筹、教师带领、家长支持的校内校外的学习时间为准，可根据课程组需要灵活安排，鼓励课程组师生对校内课程资源和校外课程资源进行整合利用，

四、年级课程设置

（一）设置原则

要让丰富的课程成为学生成长的优质环境和发展阶梯，离不开科学合理的课程设置。学校课程设置是在学科组、处室根据实践经验初步安排的基础上进行宏观把握调整，以更好地契合国家时代要求、符合学生发展规律。

1. 分类设置与融合育人相结合

为了便于学生选课走班、教师实施推进和学校管理评价，各类课程在课程设置时按类呈现，五类课程共同组成学校的整体课程菜单。但要特别注意的是，分类设置并非“课程拼盘”，应充分考虑各类课程之间形成合力、共同育人。因此，学校在课程设置中既分类呈现、分类规范以便开发实施，充分发挥各类课程的独特育人功能，又要充分重视课程之间的有机组合、平衡互补，凸显各类课程的德智体美劳综合育人功能，从而发挥课程体系的融合育人功能。

2. 全面发展与个性需求相结合

课程设置要服务于培养德智体美劳全面发展的建设者和接班人，体现在学校核心理念“全育·双责”的“全育”，要坚持面向学生全体和个体展开，践行五育并举。学校将国家文件和《普通高中课程方案》中德智体美劳全面发展的要求纳入课程设置，保证各门课程比例适当，均衡全面，促进学生德智体美劳在原有基础上主动发展、和谐发展、特色发展。同时，根据课程实际情况和学生需求差异，主动提供发展指导，积极满足学生发展需求，创造条件开设多种类别的课程、提供更多样的选择空间，以适应学生个性化发展的需要。

3. 契合现在与关注未来相结合

课程设置要体现学校核心理念“全育·双责”的“双责”，一方面契合适应学生身心发展规律、相关知识基础、学习生活阶段等因素，能够满足学生当前学习需求，有效满足当下发展。另一方面，要着眼长远发展，参照缄默知识、最近发展区等教育教学理论，培养学生应具备的、能够适应终身发展和社会发展需要的正确价值观、必备品格和关键能力，学校、教师为了学生的现在成长与未来发展负责，合力使现在的青少年成为合格的社会主义建设者和接班人。

（二）具体安排

学科课程按照 2017 年版（2020 年修订）各学科课程标准展开，此处不作具体设置结果呈现，只呈现由学校、教师、学生开发实施的项目课程设置。

为达成课程开发实施的育人效果，学校将育人目标进行细化，确定高中学段三个年级的阶段发展重点，根据课程设置原则将项目课程安排在三个年级。在具体实践中，我校并不拘泥于已设定好的目标框架，而是根据学生的具体情况适当调整，以满足学生发展需求。因此，随后呈现的课程列表，在实际操作中会随着每个年级学情的不同做出适当调整。

与此同时，学校课程根据学生学习生活的真实情境而开发，随着学生变化，课程永远处于动态发展中，有一部分课程将被淘汰优化，有一部分课程经筛选后固化系列化，长期开设；有一部分课程是师生顺应时代潮流和实际需求，新开发实施的。由此，学校课程得以永葆创新。

1.高一年级

阶段发展重点：①投入学科课程、项目课程的学习，逐渐适应高中阶段的学习特点，有意识地规划自己德智体美劳的全面发展；②逐渐形成在日常生活学习中喜爱观察生活、合理质疑、乐于探究、努力求知的研究心向，经过“思维发展与学会研究系列课程”的学习，初步了解在课题研究、项目设计中进行规范研究的基本思路、方法与技能；在问题研究中关注自身的社会责任感、创新精神和实践能力；③逐步将接受性学习转变为接受性与体验性相结合的学习方式，为“全面发展、学会研究”奠基，为职业选择、生涯规划等做初步准备。高一年级项目课程菜单如表 3-2 所示。

表 3-2　高一年级项目课程菜单

课程类别	细分领域	课程名称
劳动课程	服务性劳动与责任担当	大学附中研究文化彰显研究——学校办公室墙面改造设计实施研究
		生活中的机械维修（代步机械 1）
		生活中的机械维修（代步机械 2）
		食堂志愿服务劳动
		维护维修信息设备
		学校校史馆讲解研究
		值周志愿服务劳动
	生产劳动与实践创新	金牌设计师成长营：川大附中课程成果产品包装设计：茶研究课程成果简易包装（一）
		金牌设计师成长营：川大附中课程成果产品包装设计：川大附中文创产品设计包装盒设计（一）
		川大附中防空洞无土栽培叶菜品种及环境条件初探
		春耕农业生产劳动
		蛋烘糕制作（一）（二）
		风味小吃制作
		巧手女工，手作之美——常见女红研习与制作
		认识农业生产劳动
		身边的无土栽培
		香薰蜡烛创意 DIY
		重现文明之媒——造纸术的研究（一）（二）

续表

课程类别	细分领域	课程名称
劳动课程	生活劳动与自我管理	茶饮与健康
		成都传统糕点制作
		成都传统消暑食品的制作
		成都传统滋补食品的制作
		川大附中小托尼——高中学生发饰研究
		东西方饮食文化探索——成都特色小吃研究与制作
		东西方饮食文化探索——蛋糕与甜点研究与制作
		果酒的制作与鉴定
		居家整理与收纳
		米酒的制作与鉴定
		皮蛋的制作及其方法探究
		日常家庭生活劳动之整理收纳
		收纳整理之妙——生活归纳小空间的收纳整理
		探寻川菜之魂——四川特色配菜制作探究
		探寻川菜之魂——四川特色腌卤菜品制作探究
		我是附中小园丁
		五彩多馅水饺的制作
		羽毛球装备选购
综合实践活动课程	家国情怀与价值体认	博物馆奇妙之旅——文物探寻
		博物馆奇妙之旅——运营研究
		“一二·九”纪念课程
		成都历史文化女性的现实意义（薛涛）
		成都历史文化女性的现实意义（卓文君）
		成都文化的诗意表达（街道）
		成都文化的诗意表达（园林）
		成都寻常巷陌的文化元素（巷陌建筑）
		成都寻常巷陌的文化元素（巷陌命名）
		高一军训课程
		古人的智慧之鲁班锁篇
		老人过重阳节现状调查研究

续表

课程类别	细分领域	课程名称
综合实践活动课程	家国情怀与价值体认	历史发展节点中的数学背景研究
		青春正当时，一起向未来之五四表彰课程
		数学文化阅读与演讲
		数学与影视文化
		武侯祠文化产品的创意与制作
		英文电影赏析表演课
		用数学的眼光看金融战争
	社会研究与合作共建	川大附中文创产品设计
		川大附中周边商铺经营状况调查
		高利贷中的暴利
		购房中的数学
		黄龙溪古镇调查研究
		家用汽车中智能传感器应用现状探究和未来展望
		建筑物高度测量
		立体几何模型制作
		旅游英语体验
		旅游英语之出国旅游突发状况应对的研究
		赏析影视作品，研制科学实验
		社会调查中的数据分析方法
		校园空气微生物的培养、计数与鉴定
		校运会点火仪式设计
		校运会火炬改进设计及制作
		新能源汽车市场调研
		学校参与垃圾处理调查研究
		学校餐余垃圾现状调查
		中外人文交流——国际友校来访接
		走进著名数学家的一生
		走进校园空气微生物
	自然科创与持续发展	不同植物提取物的抑菌活性研究初探
		城市内涝及模拟实验

续表

课程类别	细分领域	课程名称
综合实践活动课程	自然科创与持续发展	川大附中班徽设计
		川大附中沙盘三维设计粗打印
		川大附中沙盘三维设计精打印
		川大附中文创产品设计（一）（二）
		川大附中校徽设计
		海绵校园之雨水花园——方案设计
		海绵校园之雨水花园——项目实施
		基于计算机视角的图形图像设计制作
		教室课桌椅及配套书橱设计研究
		科幻视频赏析与制作
		乐器发音的奥妙
		上帝的指纹——拥有一双数学的眼睛
		神奇的数列
		蜀锦的传承与现实意义研究
		数学美学欣赏
		微波炉蒸鸡蛋的妙招
		校园植物分类与标本制作
		压花艺术
		艺术作品中的数学
		正经玩——戈德堡机械的设计与制造（一）（二）
		制作力学教具
		智能生活小助手
		智能小车设计制作
		走进数学之美
	自然探索与持续发展	校园生态有机更新——蝴蝶与环境
		校园生态有机更新——香草与环境
	自我研究与身心健康	“梦想家”居住设计研究
		川大附中学生体质健康调查与研究之现状调查分析
		毛笔书法鉴赏与创作
		四川地区羌族文化的探究之羌绣传承与创新

续表

课程类别	细分领域	课程名称
综合实践活动课程	自我研究与身心健康	四川地区羌族文化的探究之羊皮鼓的制作
		校园音乐剧创作（一）(二)
		茶艺基础（一）(二)
		航空实验班学生视力保护策略研究
		旅游英语之私人定制旅游方案（下）
		女性塑形与礼仪
		皮影展示研究
		乒乓球运动与身心健康发展之间的关联
		四川地区羌族文化的探究（一）(二)
		软笔书法鉴赏与电子书法创作
		社区常见传染病防控
		双代会之仪式教育课程
		学习摄影的基础知识，透过镜头看世界——摄影探究
		学校常见传染病防控
		应急救护
		硬笔书法鉴赏与电子艺术签名
		用视频日志记录学校文化——Vlog 基础学习与探究
		指尖艺术——折纸
		中国象棋
		自制护肤品（一）(二)
学科选修	科学技术与科学精神	编程求Π值测试计算机性能
		常见有机药物的结构合成（一）
		防空洞食用菌栽培条件研究
		核能的利用与防护
		金属资源的开发——Mn
		金属资源的开发利用
		秦九韶算法研究
		食用菌的防空洞不同区域种植研究
		酸奶和馒头等发酵食品的制作
		算法流程图设计研究

续表

课程类别	细分领域	课程名称
学科选修	科学技术与科学精神	贪心分治算法研究
		探究影响发酵食品品质的因素之一
		天文观测——四季星空和月亮
		天文观测——太阳日出日落方位与太阳高度角
		物理学史中的经典案例研究（一）
		校园手绘地图绘制
		虚拟天文馆
		宇宙奥秘初探
	人文社会与人文底蕴	从性别视角研究西方历史
		从性别视角研究中国历史
		出国旅游突发状况、突发事件应对研究
		英文经典歌曲赏析与配词
		高中生财商能力提升研究——高中生理财策划研究
		高中生财商能力提升研究——我校高中生财商调查研究
		模拟法庭研究
		乡土环境问题调查及环境地图的绘制
		英文电影赏析表演课
		中式插花与中国古代哲学的关联研究（上）
		中英纪录片的对比赏析
		自主创业方案研究
	数理逻辑与理性思维	家庭电、气费用优化方案
		如何“惠”选手机
		网络画板与高中数学（一）
	学科竞赛与乐学善思	地理奥林匹克竞赛辅导（一）
		机器人竞赛课程（一）（二）
		三维设计竞赛课程（一）（二）
		信息学奥赛课程（一）（二）
		友城辩论赛（一）（二）
		中学物理竞赛（一）（二）

续表

课程类别	细分领域	课程名称
学科选修	艺体心理与健康生活	健美操
		足球
		田径
		营养与运动
		运动损伤
		魅力合唱
		走进戏剧
		走进老茶馆——速写（一）（二）
		木版年画的创新研究（一）（二）
	语言文学与表达交流	法语（一）（二）
		感受英文动画片配音的魅力
		公共服务区域双语标识翻译探究
		汉字汉语专题研讨之走进汉字汉语
		学术论著专题研讨之《论语》研讨
		英国文化及文化产业探究
		中国传统文化专题研讨之古典格律诗词创作研习与诵读展示（格律常识）
		中国传统文化专题研讨之古典格律诗词创作研习与诵读展示（绝句）
		中国革命传统作品专题研讨革命领袖诗词研讨（毛泽东诗词）
		中国革命传统作品专题研讨革命领袖诗词研讨（周恩来诗词）
		中国现当代作家作品专题研讨之《无限事》研讨
		中国现当代作家作品专题研讨之科幻文学研讨（刘慈欣科幻作品）
		中国现当代作家作品专题研讨之科幻文学研讨（王晋康科幻作品）
		中国现当代作家作品专题研讨之鲁迅作品研讨（小说 1）
		中国现当代作家作品专题研讨之鲁迅作品研讨（小说 2）
		中学生英语辩论
校本课程	多元文化与视野拓展	大学·附中联盟建设探索与实践——联盟川大临床医学院、口腔医学院、文学与新闻学院、生物医学工程学院
		大学·附中联盟建设探索与实践——联盟川大数学、物理、化学、生物、计算机学院
		IDEAS 课程节

续表

课程类别	细分领域	课程名称
校本课程	多元文化与视野拓展	TEDx 武侯区中小学生中外人文交流能力英语演讲（二）
		TEDx 武侯区中小学生中外人文交流能力英语演讲（一）
		国家安全之安邦定国的基石
		国家安全之法律制度，国家安全的护驾屏障
		韩国语言及文化研究课程
		日语语言及文化研究课程
		生涯规划课程之点亮生涯，规划未来
		团课之牢记嘱托
		团课之铭记历史
		微观经济学
		西班牙语言及文化研究课程
	健体悦心与身心合一	川大附中春季球类运动会
		川大附中秋季田径运动会
		书法社团课程
		舞蹈社团课程
	鉴赏创造与审美情趣	插花比赛
		插花艺术——东西方花艺对比研究
		插花艺术——节日花礼创作
		电竞解说
		动画漫画研究
		抖音视频制作
		广告创意风暴
		美术作品大赛
		现场书法大赛
		校园歌手大赛
		阅读与写作（散文）
		阅读与写作（诗歌）
	思维发展与学会研究	创新活动探秘之创新活动根植缄默知识
		顺应时代潮流，转变学习方式

2. 高二年级

阶段发展重点：①在学科课程和项目课程中，有意识地促进自己在德智体美劳的全面发展；②在课程学习中，完整体验科学研究的一般过程，培养选题、搜集与整理信息、处理信息得出结论、撰写研究报告、表达交流研究成果的能力等，初步掌握课题研究的基本思路和方法；逐渐培养社会责任感、创新精神和实践能力；③逐渐将接受性学习转变为接受性与体验性相结合的学习方式，为“全面发展、学会研究”奠基，为职业选择、生涯规划等做一定准备。高二年级项目课程菜单如表 3-3 所示。

表 3-3　高二年级项目课程菜单

课程类别	细分领域	课程名称
劳动课程	服务性劳动与责任担当	川大附中崇文园景观设计与实施研究
		孤寡老人及“SOS 儿童村”志愿服务劳动
		社区志愿服务劳动
		生活中的机械维修（家用电器 1、家用电器 2）
	生产劳动与实践创新	“创新创意思维节”纪念徽章的研究设计与开发
		金牌设计师成长营：川大附中课程成果产品包装设计：茶研究课程成果简易包装（二）
		金牌设计师成长营：川大附中课程成果产品包装设计：川大附中文创产品设计包装盒设计（二）
		我为父母做道菜
		川大附中雨水花园辣椒培育研究
		蛋烘糕制作（三）（四）
		教室讲桌设计研究
		农业生产劳动成果报告
		其他植物无土栽培相关研究
		收秋农业劳动
		影响无土栽培草莓营养成分的因素研究
		重现文明之媒——造纸术的研究（三）
	生活劳动与自我管理	米酒新品的研发
		日常家庭生活劳动之烹饪
		蒸馏酒酿造
综合实践活动课程	家国情怀与价值体认	成都民间技艺传承研究（一）（二）
		毕业典礼设计
		成都历史文化女性的现实意义（花蕊夫人）

续表

课程类别	细分领域	课程名称
综合实践活动课程	家国情怀与价值体认	成都历史文化女性的现实意义（黄娥）
		成都文化的诗意表达（服饰）
		成都文化的诗意表达（饮食）
		成都寻常巷陌的文化元素（巷陌餐饮）
		成都寻常巷陌的文化元素（巷陌风物）
		川大附中成人仪式改进研究
		青春正当时，一起向未来之五四表彰课程
		数学历史文化的影响研究
		体验飞行综合实践
		我校大课间室内操活动的现状分析及对策研究（一）
		校园节能减排研究
	社会研究与合作共建	“反转新闻”的受众研究
		川大附中研究性课程推广研究
		日语发音与异文化的新发现
		测定不同空间甲醛含量及探讨降低甲醛措施研究
		成都市空气质量调查与改善措施研究
		大数据看世界
		关于学生线上数学深度学习现状的调研
		清奇眼光看“买房”
		赏析影视作品，研制科学实验
		统计案例实习作业
		我国新能源汽车市场销售困境调研
		校园文化墙改造设计方案研究
		校园学习生活问题研究系列——高中数学常见教具模型制作研究
		校园周边 AED 布局研究
		校运会火炬改进制作
		新能源汽车产业发展现状调研
		学校光盘行动倡导研究

续表

课程类别	细分领域	课程名称
综合实践活动课程	自然科创与持续发展	茶叶有效成分的提取方法与抑菌活性研究
		川大附中文创产品设计（三）（四）
		川大附中校园安全疏散路线探究及优化
		电学装置设计与制作
		光学装置设计与制作
		海绵校园之雨水花园——项目改进
		海绵校园之雨水花园——项目推广
		橘皮有效成分的提取方法与抑菌活性研究
		礼品包装盒的设计
		利用仿生学原理设计并制作一件作品
		探索创新活动背后的秘密——创新活动根植缄默知识
		网络画板 3D 与立体图案设计
		我来当桥梁工程师
		我校教室照明现状调查与改进研究
		学校操场上空的飞虫处理
		正经玩——雪糕棒连锁反应研究
		种子画和叶脉书签的制作
	自我研究与身心健康	川大附中学生体质健康调查与研究之体质之力量素质
		川大附中学生体质健康调查与研究之体质之速度素质
		定向运动
		四川地区羌族文化的探究之羌族舞蹈锅庄
		茶艺基础（三）（四）
		高中生理财认识与行为的调查研究
		桥牌与数学
		身体素质拓展训练：健身
		生命的安全绳：常见意外伤害的预防与现场急救
		双代会之责任担当教育课程
		箱庭绘本故事创作
		学校“心理游园会”策划与实践研究

续表

课程类别	细分领域	课程名称
综合实践活动课程	自我研究与身心健康	照片的艺术处理
		中国象棋
		自制护肤品（三）
		自主创业——校园周边甜品店（冰粉系列）
学科选修	科学技术与科学精神	常见有机药物的结构合成（二）（三）
		从大海到用户，食盐的奉献之旅
		防空洞菊花组织培养技术初探
		防空洞菊花组织脱分化、再分化培养技术初探
		府南河九眼桥河段水质状况调查
		核能的利用与防护
		探究影响发酵食品品质的因素（二）（三）
		微观粒子模型制作
		物理学史中的经典案例研究（二）
		小行星防御研究
		虚拟天文馆
		学校防空洞食用菌种植后续出菇的抑菌及抑菌方案实施研究
		学校防空洞食用菌种植之抑菌研究
		宇宙奥秘初探
		肿瘤的放射性治疗研究
	人文社会与人文底蕴	成都地区名人家风研究——彭家珍家族
		成都地区名人家风研究——杨慎家族
		经典英文歌曲赏析与配词
		地缘政治学——从阿富汗撤军说起
		地缘政治学——俄乌冲突
		灾害地理——地质灾害
		中式插花与中国古代哲学的关联研究（下）
	数理逻辑与理性思维	高中数学建模研究——葡萄酒的评价研究
		高中数学竞赛辅导

续表

课程类别	细分领域	课程名称
学科选修	数理逻辑与理性思维	数学建模之“拥堵等级”问题研究
		微积分——函数极限研究
		走进线性代数
	学科竞赛与乐学善思	地理奥林匹克竞赛辅导（二）
		机器人竞赛课程（三）（四）
		三维设计竞赛课程（三）（四）
		信息学奥赛课程（三）（四）
		中学物理竞赛（一）（二）（三）（四）
	艺体心理与健康生活	足球
		田径
		健美操
		医疗体操
		人际沟通中的心理与行为研究
	语言文学与表达交流	英文电影赏析之喜剧片
		法语（三）（四）
		经典电影赏析与配音
		看电影，谈文化
		英语演讲研习（一）（二）
		中国传统文化专题研讨之古典格律诗词创作研习与诵读展示（词）
		中国传统文化专题研讨之古典格律诗词创作研习与诵读展示（律诗）
		中国革命传统作品专题研讨之革命领袖诗词研讨（陈毅诗词）
		中国革命传统作品专题研讨之革命领袖诗词研讨（朱德诗词）
		中国现当代作家作品专题研讨之科幻文学研讨（韩松科幻作品）
		中国现当代作家作品专题研讨之科幻文学研讨（何夕科幻作品）
		中国现当代作家作品专题研讨之鲁迅作品研讨（散文）
		中国现当代作家作品专题研讨之鲁迅作品研讨（杂文）
		走近英语国家社会与文化
校本课程	多元文化与视野拓展	大学·附中联盟建设探索与实践——联盟川大基础医学与口腔学院、水利水电学院
		大学·附中联盟建设探索与实践——联盟川大水利水电学院、建筑与环境学院、基础医学与法医学院

续表

<table>
<tr><th>课程类别</th><th>细分领域</th><th>课程名称</th></tr>
<tr><td rowspan="30">校本课程</td><td rowspan="8">多元文化与视野拓展</td><td>IDEAS 课程节</td></tr>
<tr><td>TEDx 武侯区中小学生中外人文交流能力英语演讲（三）（四）</td></tr>
<tr><td>国家安全之情报与反间谍，国家安全的无形防线</td></tr>
<tr><td>国家安全之政治安全，国家安全的根本</td></tr>
<tr><td>日本语言及文化研究课程</td></tr>
<tr><td>团课之大国梦想</td></tr>
<tr><td>团课之强国有我</td></tr>
<tr><td>微观经济学</td></tr>
<tr><td rowspan="6">健体悦心与身心合一</td><td>川大附中春季球类运动会</td></tr>
<tr><td>川大附中秋季田径运动会</td></tr>
<tr><td>春季球类运动会</td></tr>
<tr><td>合唱社团课程</td></tr>
<tr><td>秋季田径运动会</td></tr>
<tr><td>文学社团课程</td></tr>
<tr><td rowspan="12">鉴赏创造与审美情趣</td><td>表演艺术研究</td></tr>
<tr><td>播音与主持艺术研究</td></tr>
<tr><td>插花比赛</td></tr>
<tr><td>插花艺术——东西方花艺对比研究</td></tr>
<tr><td>插花艺术——节日花礼创作</td></tr>
<tr><td>美术作品大赛</td></tr>
<tr><td>素描艺术研究</td></tr>
<tr><td>现场书法大赛</td></tr>
<tr><td>校园歌手大赛</td></tr>
<tr><td>影视作品研究</td></tr>
<tr><td>阅读与写作（实用文）</td></tr>
<tr><td>阅读与写作（小说）</td></tr>
<tr><td rowspan="2">思维发展与学会研究</td><td>创新活动探秘之创新活动反思研究</td></tr>
<tr><td>创新活动探秘之创新活动中的典型思维运用与剖析（“思维节”）</td></tr>
</table>

3. 高三年级

阶段发展重点：①在学科课程和项目课程中，有意识地实现自己在德智体美劳的全面发展，追求主动发展、和谐发展、特色发展；②能根据自我评价、团队评价、教师评价、社会评价等多方资料，对学习成果、过程进行反思、评价和完善，比较熟练掌握课题研究的基本思路方法；③努力将所学知识迁移到日常生活情境和学习探索情境中，养成质疑、探索、尝试研究的习惯，积淀社会责任感、创新精神和实践能力；④将接受性学习转变为接受性与体验性相结合的学习，为“全面发展、学会研究”奠基，为职业选择、生涯规划等做好充分准备。项目课程菜单如表 3-4 所示。

表 3-4 高三年级项目课程菜单

课程类别	细分领域	课程名称
综合实践活动课程	家国情怀与价值体认	高三百日誓师课程
		高三成人仪式课程
		青春正当时，一起向未来之五四表彰课程
	社会研究与合作共建	望江路公园旅游资源状况调查
学科选修	学科竞赛与乐学善思	中学物理竞赛（五）
	语言文学与表达交流	英语“高考题”试卷命制研究（一）
		英语“高考题”试卷命制研究（二）
校本课程	多元文化与视野拓展	高普衔接系列课程之了解大学
		高普衔接系列课程之认识专业
		国家安全之国土安全，国家安全的核心
		国家安全之军事安全，国家安全的坚盾
		团课之复兴力量
		团课之理想信念
	健体悦心与身心合一	川大附中秋季田径运动会
		秋季田径运动会
	鉴赏创造与审美情趣	阅读与写作：论述文 1
		阅读与写作：论述文 2

第四部分　课程实施与管理

一、课程开发要求

（一）主体多元协作共享

学校课程开发实施是课内学习与课外实践的有机结合，离不开学校、教师、学生、家长、社会等多元主体的参与。某种程度而言，学校课程体系关联的主体更为多元，各主体的参与程度就越深，学校与各主体的关系就更为紧密，学校课程体系育人质量就越高。因此，学校应该开阔视野面对不同主体，充分发挥不同主体的特殊功能，形成合力协作共建，共享课程建设与人才培育成果。

（二）目标导向育人效果

课程开发实施主体多元、时间持续，涉及方方面面，可谓千头万绪。因此，学校及教师都应明晰目标导向育人水平提升、育人效果。学校以“培养—研究性”大学附中为发展目标，以“全面发展、学会研究”为育人目标，坚持以研究性课程和研究性教师培养研究性学生，因此课程体系建设的目标明确，课程育人的目标明晰，目标导向驱动、引导、规范着课程开发实施的始终。

（三）类别遵循性质要求

为确保各类课程都体现国家政策文件要求，为有效指导师生的课程开发实施行为，学校在充分研究国家文件、《普通高中课程方案》、前沿理论的基础上，对各类课程所具有的属性进行理性比较、抽象凝练，形成了各类课程的“四性”。值得强调的是，为了凸显学校的研究文化与特色，各类课程都共性地凸显了“研究性”，即“研究性”是我校各类课程的共同属性，以其指导师生彰显研究特色，为学生的“全面发展、学会研究”提供坚实的课程土壤。课程的性质要求，既成为学校对各类课程的理论认知，又成为师生课程建设行为的实践指导。

（四）逻辑基于核心问题

学校持续二十年对核心问题进行了研究，形成了关于核心问题的教学思想、目标、活动、评价等系统成果。2017 年至 2021 年，学校以省级立项的重点课题为载体将核心问题研究从学科课程拓展到项目课程。至此，形成了体现核心问题思想的、贯穿学科课程与项目课程的、贯通课程教学各环节的“四大环节十六个子环节”，形成了基于核心问题开发实施的五育并举的研究性课程体系。

基于核心问题的课堂与课程，与常规课堂课程有两处不同：第一，将传统的教学起点由知识转变为问题；第二，逻辑主线由讲解改变为提出问题、解决问题等研究活动中深度体验与积淀素养。这正是《普通高中课程方案》与普通高中育人方式变革所倡导的。

二、课程申报审批

学科课程严格以各学科课程标准和课本为依据，落实新课标、新课程、新教材、新高考要求，教研组基于大概念的核心问题教学开发实施，使学习内容得以进一步精选，不进行申报审批。课程教学处管理课程实施各阶段、各环节。

项目课程由于没有课本等现成教材做备课根据，而且课程开发实施是由多位教师自由组合、协同完成。因此，项目课程开发实施需要经过严格的申报与审批。

项目课程申报。为规范项目课程的开发实施，学校设计了《川大附中项目课程开发实施规划纲要》(简称《纲要》，请参见第六部分附件 3)。《纲要》是囊括了项目课程所有元素的整体规划大纲，其中包括课程首席教师及参与教师、课程名称、实施对象、课程课时及上课时段、课程背景、课程内容（核心问题)、课程目标、课次计划、学生作品、评价方式、开发第次、安全保障、条件保障、课程审批等内容。每学期初，在校本教研专题讲座指导下，所有项目课程由学科组、处室、学生社团牵头，由课程组教师负责填写《纲要》向学校申报。

项目课程审批。课程教学处牵头将所有申报开发的课程《纲要》汇总，组织由学校课程领导小组、课程教学处、教育科研处组成的课程审批小组进行审批。审批小组站在学校育人方式变革的高度，整体把握课程开发实施，对《纲要》中的课程名称、核心问题、课程目标、课次计划、成果物化、评价方式及之间的匹配关系等进行审批，经判断讨论，提出修改意见。课程教学处及时向课程组教师反馈意见，经开课教师修改合格后的《纲要》方能进入选课菜单供学生网上选课。

三、课程实施规范

学校所有课程均基于大概念的核心问题教学开发实施，因而注意构建学校课程开发实施的设计程序和操作规范，以保证基于核心问题开发实施的统一课程形态引导各类课程的实施。

通过二十年的课题研究，学校形成了基于核心问题的学科课程开发实施规范，又结合《普通高中课程方案》的要求，以大概念为引领，促进课程内容结构化，以主题为引领，促进课程内容情境化，以《大概念的核心问题教学单元规划纲要》(参见第六部分附件 4）规范大概念指导下的单元内容设计。

针对项目课程的开发实施，学校以《纲要》对其进行整体规划。由于项目课程教学环境变得开放、复杂，为更好地规范教研组和处室在各环节的实施，学校借助我校课程教学方案的创新性表现，将已有的《核心问题教学交流教案课前设计与课后反思的项目及内容要求》从学科课程拓展到项目课程，从而修订形成适用于各类课程的《五育并举的研究性课程教学设计规范》(见表 4-1，简称《课程教学设计规范》)，以此规范课程中每一个具体课时的实施。

表 4-1　五育并举的研究性课程教学设计规范

方面	项目	内容
教学分析设计	教材课标	所使用教材的版本及内容说明，不同版本教材的借鉴说明。 说明（摘抄）课程标准中学科核心素养、课程目标、课程结构、内容要求、学业质量要求等相关部分内容，依此从所在单元及单元大概念角度理清本课教学内容的背景、地位、主旨及结构，说明所在单元及课时位置。 参考课程标准中的教学实施建议搜集可利用的拓展内容，如联系学生生活和学生问题的、联系自然和社会的、联系生产和科学研究的相关内容
	大概念	发掘教材中的教育因素，从概念结论、思想方法、价值观念等方面确定课时大概念，并以可迁移运用的特征化形式明确表达
	资源条件	以为学生营造优质生活实践情境和学习探索情境为目的，尽可能自己开发课程资源并有效利用学校课程资源，列出物质、人力资源开发利用清单并说明来源，列出现代、传统教学媒体选用清单并说明选用意图及来源
	学生基础	从学习动机、兴趣、态度、责任感等方面，进行学习心理分析。 从显性知识基础、缄默知识基础、学科素养基础、研究能力基础、历届学生问题等方面，进行学习基础分析。 基于上述分析及教材内容、资源分析，预设核心问题中的客观问题和学生活动方式，包括身体活动、思维活动及其人际交往、人境交互活动
	教学目标	根据课程方案、课程标准，在以上分析和单元大概念、课时大概念指导下的学生活动基础上，设定本课时整合三维目标后的学科核心素养目标，以学习主体、经历境遇、行为标准、心智标准等要素表达，说明与课程标准中学科核心素养水平划分的对应关系，突出对大概念生成、理解、运用的要求
	核心问题	参考课程标准中的活动建议和教学提示，结合教学目标、课程资源，将前面拟定的学科问题和学生活动方式搭配为符合特征要求的课时核心问题，以学生为主体明确表达。 从价值追求和教学行为相结合的角度，阐明以核心问题的解决活动及解决后的反思评价活动促进学科核心素养目标达成的设计思想
	评价预设	就课堂中教师对学生活动的、以口语为主的评价进行预设：针对学生可能出现的亮点或者问题预设评价内容，针对单元大概念和课时大概念的生成预设评价内容。 参考课程标准中的评价建议，就课堂教学进行中和结束后的教学评价进行预设：选择自我陈述、互动评价、行为观察、调查访谈等评价方法，就评价的对象、内容、工具进行预设；选择课堂教学文化，如拓展学习视野、投入实践活动、感受意义关联、自觉反思体验、乐于对话分享、认同体验评价等进行评价方向预设；选择某个学科核心素养目标的达成进行点检测，设计检测点、检测工具、检测统计、检测分析、结果反馈等内容
教学实施设计	教学环节	以核心问题的提出为教学逻辑起点，经历提出问题、解决问题、反思提升、评价反馈四个大教学环节和相应子环节。 对每个环节中的教师活动、学生活动、设计意图有相洽的说明。各环节的师生活动与教学环境、技术条件相互呼应、相互作用，各环节教学时间有合理的预设，过程性评价适时嵌入

续表

方面	项目	内容
教学实施设计	板书设计	正副板书泾渭分明且又相互配合：既呈现知识方法脉络，又呈现问题解决思维路径或学生活动路径；既呈现教师讲解重点，又呈现学生发言要点
	作业布置	布置学生自主学习、自我评价的基础性作业和实践性的课时作业，鼓励学生针对自己的喜好与不足选择弹性作业。 说明作业设计目的，强调提高作业在学生学科核心素养提升中的作用，有意识地改变学生因作业时间长而效率低的问题
	教学流程	以规范的流程符号表达活动进程和过程中学生、教师、情境、技术等的协调关系和功能发挥
教学评价设计	评价实施	除嵌入教学过程的评价外，在教学结束前实施预设的以学生为对象的评价，尤其是针对学生某个学科核心素养目标的达成情况的点检测。 作业批改后，教师对本课的大概念核心问题教学进行全方位且又是重点突出的自我评价
	信息搜集	尽可能利用技术手段，从多个方面搜集整理评价资料：学习现场的活动记录、观测记录、课堂实录；学生活动体验的自我描述、自评互评、研究习作、课后反映；检测数据、检测分析、教师自我评价情况及其他教师反映的原始资料
	反馈调整	向学生、教师自身和课程反馈评价信息，预设包含技术融合在内的调整改善措施，关注学生的个体差异和发展需求，帮助学生认识自我、建立自信，改进学习方式，促进学生整体和个体的学科核心素养积淀，促进教师专业素养提升，促进大概念的核心问题教学和课程的发展

以上要求，既是学科课程教学设计的科学合理引导，又是项目课程教学设计的操作规范。课程教学设计的撰写，可根据教学内容的特点和需要适当调整，如将其中的某些项目合并，或者突出项目中的某些要求而弱化其他要求，使整个课程设计内容特点突出、逻辑清晰。

《纲要》和《课程教学设计规范》作为课程开发与实施的设计规范，将课程从整体到每一课时的设计都进行了规范与要求，保证了课程基于大概念的核心问题教学的形态。

四、课程评价建议

评价是学校育人方式变革的关键领域，是学校课程育人功能发挥的必要环节。学校课程评价基于核心问题教学文化融通教与学，贯穿开发实施各个环节。为发挥评价促发展的功能，利于及时反馈并重新构建，本《方案》就评价的文化蓝图、评价原则、评价对象、评价实施四方面提出建议，供学科组、处室和全校教师参考。

（一）文化蓝图

1. 融通教与学的“文化蓝图”评价思想

学校在多年研究实践中发现将教与学分开进行的评价，无法有效利用教与学的本质联系，形成有利于学生在深度体验中研究学习的环境。“评价理念应该基于文化”，由于长期教育科研中已有对学校文化力量的真切体验，学校选择以核心问题教学文化来融通教与学的评价：将教师与学生的教学表现从文化角度进行整合，勾勒出核心问题教学文化蓝图，用以引导师生的教学评价观念和教学评价操作的变革。根据教学实践中的认识，核心问题教学文化蓝图分解为形态和特质两部分。

2. 教学形态及教学特质的文化蓝图内涵

“大概念的核心问题教学文化蓝图”,是对大概念核心问题教学课堂中师生共同的价值观念、思维方式、行为方式综合后的结构性、描述性、规划性表达。

（1）大概念的核心问题教学文化形态蓝图。

形态蓝图由核心问题、教学目标、教学环节三要素及其相互匹配的关系构成。

要点一，核心问题有利于活动体验。核心问题有利于激发推进学生的活动并在活动中产生相应体验，符合核心问题特征的各项要求。第一，内含学科问题和学生活动方式。第二，问题情景与真实生活密切相关。第三，能引发大概念、新知新法生成。

要点二，教学目标价值引导恰当。有恰当的结果性目标和体验性目标引导活动体验中教与学的价值取向及焦点注意，活动体验始终围绕目标开展。第一，结果性目标和体验性目标两类目标正确全面。第二，关联体验目标恰当。第三，目标价值引导显现。

要点三，教学环节完整合理落实。以完整合理的核心问题教学 “提出问题、解决问题、反思提升、评价反馈”四环节，落实活动体验中的学习。第一，教学环节清晰完整。第二，环节内容合理充实。第三，学生活动时间充分。

要点四，教学要素相互匹配促进。问题、目标、环节、技术等要素相互匹配，使教学目标逐步实现。第一，问题、目标、环节两两匹配。第二，技术促进活动形式内容。第三，素养导向突出氛围浓郁。

（2）大概念的核心问题教学文化特质蓝图。

特质蓝图与体验过程的体验目标、体验活动、体验内容、体验反思、体验分享、素养评价六个维度相对应。

维度一，拓展学习视野。预期的学生深度体验进入教学目标，将缄默知识纳入教与学的视野，在真实情境中促进显性知识与缄默知识的相互作用与融合。第一，课堂与现实世界有恰当关联。第二，有基于缄默知识的问题解决。第三，有缄默知识运用的追踪剖析。第四，知识运用剖析导向素养发展。

维度二，投入实践活动。全身心多方式地投入生活实践情境、学习探索情境中的核心问题解决实践活动，活动的内容和结果丰富而深入。第一，有真实完整的实践活动。第二，实践活动深度融入两类情境。第三，能够全身心地沉浸于活动中。第四，活动的内容结果均丰富深入。

维度三，感受意义关联。有意识地感受事物背后的意义，敏感于意义、尤其是事物之间关联意义的发现、发掘、强化。第一，有核心问题的深层意义感受。第二，有以知识为中心的关联感受。第三，有以个人为中心的关联感受。第四，有对三类大概念的关联感受。

维度四，自觉反思体验。自觉地反思体验的过程与体验的结果，将体验显性化后供自己和大家检讨，自觉修正、改善自己原有体验。第一，有实质性反思活动的开展。第二，有课堂新因素的追踪利用。第三，有体验的交流与改善重构。第四，有概念生成中的素养发展。

维度五，乐于对话分享。乐于课堂中师生、生生及其与环境之间的对话，乐于自我与文本之间的对话，乐于体验和合作中的研究分享及错误研讨，乐于宽容积极课堂氛围的营造与享受。第一，乐于自我表达与认真倾听。第二，乐于合作中成果与思路的分享。第三，乐于成果交流中深层意义分享。第四，有宽容的对话氛围和双向交流。

维度六，认同素养评价。认可、关注、坚持对核心问题教学中的体验过程和体验结果进行教学评价，积极通过评价反馈促进师生发展。第一，认可素养评价。第二，参与素养评价。第三，利用素养评价。

由于体验产生于完整的问题解决活动过程，因而虽然是以体验的要素勾勒核心问题教学文化蓝图，但其中也蕴含了丰富的教与学的研究文化。

（二）评价原则

1. 结果评价与过程评价相结合

学校课程评价注重以过程性评价与结果性评价的结合，促进学生核心素养积淀。一方面，关注师生的课程研究成果，关注师生以课题研究与项目设计对真实生活问题和学习探索问题进行解决的探索成果。另一方面，注重以过程性评价引导学生体验方向、体验深入，重视师生在研究过程中的社会责任感、实践能力和创新精神等积淀。

2. 质性评价与量化评价相结合

质性评价与量化评价互为补充、互相支持，两者结合使课程评价走向科学多元。由于学校崇尚学生在活动体验中的学习和发展，更需要重视质性评价对学生体验的引导和反馈功能，将体验导向深入，特别是引导学生对以人为中心和以知识为中心关联的体验。因此，除了采用成绩分数、监测数据等量化评价，又采用成长档案袋、写实记录等质性评价，更全面准确地呈现学生的发展事实。

3. 自我评价与他人评价相结合

学校课程评价注重多维评价主体参与，将学生自我评价、小组互评、教师评价、家长评价、社会评价等多方面结合，促进学生激发元认知、认同体验评价。倡导自我评价以激发元认知，倡导小组互评以促进同伴间互助，倡导教师评价以促进研究素养积淀，倡导家长评价和社会评价以促进课程研究更贴近真实生活。鼓励学生以发表文章、申请专利、积极问政等方式寻求社会评价，产生社会效益。

（三）评价对象

1. 对学生在课程学习中表现的评价

针对学科课程，重视考试分数的结果评价，更重视学习活动中的过程性评价和表现性评价；针对项目课程，既重视学生课程学习中的研究成果，以创意物化推动研究过程的深入与落地，又重视创新精神、实践能力、社会责任感等研究素养积淀。学校创设每年一度、面向全体学生的“IDEAS”课程节作为展示学生课程学习成果的平台。

2. 对教师实施行为与课程质量的评价

以评价规范、引导教师课程开发实施行为。站在育人方式变革的高度，以学生课程学习进展为依据，从课程目标、课程内容、课程过程、课程评价等方面评价教师课程实施行为。

对课程开发实施质量的评价。立足于学校五育并举的研究性课程体系，评价课程开发实施是否符合学校育人目标、满足学生发展需求、利于促进学生全面而有个性发展、遵循课程性质等，特别关注对学生核心素养特别是研究素养的积淀。

学校以每学期都要展开的项目课程资源包评议为载体保证评价广度，以每期在校本研究专题指导下的各组开展的校本教研公开课为载体引领研究深度。

（四）评价实施

1. 学科课程开发与实施的评价

主要包含课前评价预设、课堂教学评价和课后评价反馈。

课前评价预设。一方面是就课堂中教师对学生活动体验展开的以口语为主的评价进行预设。第二方面是就课堂教学后完成的评价进行预设。教师可以选择考查学生自我陈述、行为观察、调查访谈、纸笔测试等评价方法，就评价对象、内容进行预设；选择大概念的核心问题教学亚文化"拓展学习视野、投入实践活动、感受意义关联、自觉反思体验、乐于对话分享、认同素养评价"中的某一点，进行评价方向预设；选择某个体验性目标的达成进行点检测，设计检测点、检测工具、检测统计、检测分析、结果反馈等内容。

课堂教学评价。核心问题教学中的课堂教学评价在不同环节要凸显不同的功能。提出问题环节凸显情境激励功能；解决问题环节凸显专业引导功能，引导学生深度体验特别是关联体验的方向；反思提升环节凸显生成积淀功能；评价反馈环节凸显体验强化功能。

课后评价反馈。课后需要完成教师评价表和学生素养目标点检测表。根据《核心问题教学评价表》，结合素养目标对学生课堂中的表现做出评价；完成《点检测表》，向师生反馈评价信息、评价结果，调整改善措施，使其更加有利于学生深度体验中的学习与发展。

2. 项目课程开发与实施的评价

项目课程开发与实施的评价包括：课程开发评价、课程实施评价以及课程资源包评价。

课程开发评价。学期初，由开课老师填写《纲要》，向课程教学处申报。学校课程开发审批小组根据申报规范，对课程名称表达、核心问题表达、体验性目标、研究环节等审核并反馈建议，指导教师修改。经批准后，方可列入课程目录，提供学生选择，加以实施。

课程实施评价。在实施过程中，完成《川大附中学生活动写实记录表》（后称《学生活动写实记录表》，参见第六部分附件 5），要求教师要指导学生客观记录参与活动的具体情况，及时填写活动记录单，并收集相关事实材料，如活动现场照片、作品、研究报告、实践单位证明等。活动记录、事实材料要真实、有据可查，为项目课程评价提供必要基础。教师要对学生作品进行深入分析和研究，挖掘其背后蕴藏的学生的思想、创意和体验作为评价学生参与课程开发与实施的重要指标，经学生自评、同伴互评、教师或社会评价，最后形成学生的课程开发档案袋，进入课程实践资源库。《写实记录表》还包含一项内容，即学生对课程实施的评价，如核心问题、教学目标、活动内容、安全保障等进行评价并提出改进意见。

课程资源包评价。项目课程结束要求收集“课程开发实施的师生过程资料”。一是教师开发的各种教学资料、音频、视频、学习资料、课堂记录资料（实录视频、照片、写实记录表等）、课程反思总结等；二是教师上课 PPT、开发的各种过程性评价表等资料；三是学生学习过程中完成的 PPT、学习感悟、小论文、研究报告、实物作品等成果资料。以上资料形成“课程实践资源包”，提交学校。

学校课程评价基于文化蓝图，覆盖全面、反馈及时、有针对性，对课程开发与实施的价值、操作、意义等进行判断并反馈，动态优化五育并举的研究性课程体系，实现以研究性课程和研究性教师培养研究性学生的目标。

五、课程学分认定

（一）组织机构及职责

1. 组织机构

由学校校长担任学分认定领导小组组长，各副校长、各处室干部、各教研组长和年级组组长、副组长担任学分认定领导小组成员。领导小组下设工作小组，组长由课程教学处领导担任，成员由课程教学处教师担任。

2. 具体职责

制定《川大附中学分分配认定管理制度》并根据情况调整和完善；监督学分认定过程；审核学科小组学分认定意见；对学分认定复议申请进行复议；安排考核不合格的学生进行补考或重修；监督学校学分认定，并形成规范档案。

（二）学分的认定程序

学校形成如图 4-1 所示的学分分配认定程序，学生完成学业修习后，进行考核或考试，以相关资料申请学分。学校根据提交资料进行初审，初审结束后汇总评议，通过汇总评议后交给学生签字确认，学校再进行公示。若无异议，则学分认定结束，合格者归入档案，不合格者进行重修；若有异议，则重新认定。

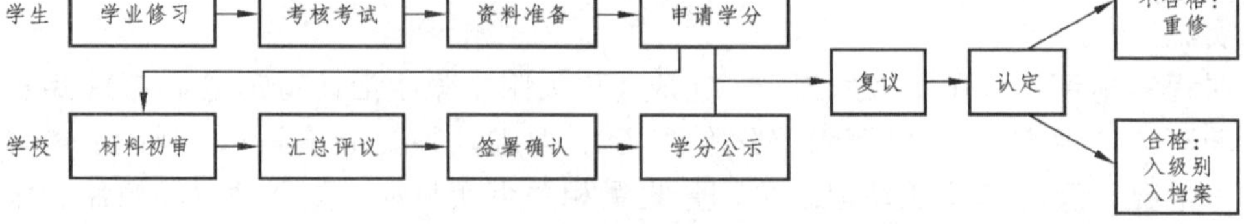

图 4-1　川大附中学生学分认定程序

（三）学分的认定细则

1. 各类课程学分等值

不同选修课程的相同学分值具有等值性，即学生所获得的不同课程的学分数可简单叠加为总学分。学分不达国家基础学分最低要求的，要在下一学期由任课教师指导后安排再研修，直到合格为止。

2. 基础学分和绩优学分

学生的学绩、学分分为基础学分和绩优学分两部分，18 课时为一学分，学生完成相应课程规定课时的学习并考试（考核）合格，即可获得相应学分。

基础学分由具体的学科学分折算,方案由各教研组统筹各年级、备课组协商规定，与《普通高中课程方案》中关于必修、选择性必修、选修的学分规定符合。

绩优学分可规定为基础学分的倍数，如 0.5 倍或 1 倍等。考试科目按学期成绩分段折算学分。绩优学分的认定须由申请绩优学分的学生向学校提供相关材料或获奖证书，经学校学分认定委员会审核认定。获得绩优学分的学生名单报给课程教学处审核备案并记入学生成长档案。

非考科目按学习时间和学习表现认定学分，办法可借鉴考试科目，以学习时间和学习表现替代考试分数。

3. 奖励学分

奖励学分是指在校期间根据自己的特长和爱好从事活动，并取得具有一定创新意义的智力劳动成果或其他优秀成果，经学校专家组评审认定后被授予的学分。各类竞赛、各类社会考级、各类评优评先中奖励学分，学分叠加上不封顶。

如：学生在校期间公开发表的论文，以及公开出版的学术著作或电子出版物，取得的创造发明，参加全国、省、市等竞赛中取得比较好的成绩，经鉴定符合条件的，可获得奖励学分。学生在各类竞赛中获得的学分计算请参见第六部分附件 6。

六、选课走班管理

选课走班由课程教学处统一负责，需要做好选课前、选课中、选课后的组织和服务工作。具体有以下六个方面。

（一）系统设置

系统管理员配置课程菜单，提供相关信息，供学生选课之用，包括教师登记的课程名称、课程内容（核心问题）等《纲要》主体内容；包括学生选课时间范围、人数限制、上课时间地点、选课学生范围等。

（二）学生选课

选课账号由学校提供，学生利用手机或电脑扫描二维码，访问学校选课系统。选择 App 主界面“选课”，即可访问选课主界面。选课开始之后，学生在界面上选择需要选课的课程，点击立即报名。选课期间内，若需取消报名可点击“取消”，然后重新报名其他课程。

第一轮选课：高一、高二全年级所有学生在规定时间内在线进行第一轮选课。

各班选课顺序由各班班长抽签排位。选课规定时间内由课程教学处和各年级组做相关组织工作。

第二轮选课：首轮选课结束后，所选课程未达到开设条件的学生参加第二轮选课，课程教学处和各年级组做好相关组织工作。

（三）选课调整

选课结束后，学生所选课程一旦生效原则上不得更改。如因特殊情况确需调整，可根据学生本人、班主任或者任课教师的要求针对个别学生的选课进行调整，须填写《川大附中学校课程学生选课调整申请表》。

（四）学校审核

选课完成之后，由课程教学处在后台进行审核。

审核通过，代表完成报名，课程教学处生成选课报表，包括学生本人的选课列表、给班主任的选课名单和给上课教师的报名名单。

审核不通过，学生选的课程自动取消，学生需要重新选课。

（五）公示通知

在选课结束后，课程教学处统计整理学生选课数据进行公示，将学生选课情况（含班级、所选课程、任课教师、场地等）按班级汇总情况分发至各年级组，按课程汇总情况分发至项目课程任课教师。教师和学生也可登录选课平台查询。

（六）管理规范

选课完全结束后，进入课程实施阶段，课程教学处要做好组织、管理、协调、服务工作。对日常课程实施行为进行组织，对教师和学生的课程行为进行管理，对师生所需、课程发展进行相关协调，对师生、课程发展进行配套服务。

第五部分　课程支持与保障

一、处室职能时代化

进入新时代，社会主要矛盾的新变化、党和国家事业的新发展、人民对优质教育的新向往，都对高质量的教育体系提出新任务、新要求。学校站在培育时代新人的高度，秉持普通高中育人方式变革的视野，自觉进行管理改革以增强变革动能、提高变革水平，以服务育人为目标，对各个处室的结构、名称、职能进行了时代性调整与拓展，努力提升行政团队在育人方式变革中的理论学习力、变革策划力、课程领导力、工作推进力、语言表达力等。

二、配套制度供给化

随着变革深入，在原有现代学校制度基础上，需要新建多方面制度保障，这促进了学校处室建立有需要就创生、供给的机制。处室结合课程开发实施需要，以因地制宜、服务师生、保证安全、落实目标为原则建立系列制度，形成完备制度体系，以保障课程开发实施各环节规范高效。例如，为规范师生的课程开发实施、选课走班和评价行为，各处室就新建了贯穿课程开发、实施、评价等方面若干制度；为满足课程中开发整合课程资源的需求、形成安全风险预警机制，学生发展处创建《课程安全保障制度》，经修改审核后投入使用。

三、资源利用双向化

根据课程实施需要，合理核定经费投入标准，建立稳定的课程开发经费保障机制，满足课程开发、教学研究、设施设备配置等必要的经费需要。

以课程资源满足师生课程开发需求。学校为各类课程的开发实施提供配套硬件资源，并积极争取校外活动场所的支持，建立课程资源的协调共享机制，促进社区、公园、科技馆、博物馆、实践基地等公共资源转化为课程资源，强化公共资源间的相互联系和共享；整合发挥学校实验室、专用教室及各类教学设施在课程开发实施中的作用，提高使用效益。现已开发整合防空洞、三空间·六领域等校内课程空间 50 余个，与 40 余家单位场馆建立稳定育人关系，形成较为完善的校内外资源体系。

利用课程研究成果反哺校园环境改造。将师生课程研究成果经审定后推广至校园空间，既激励师生以研究解决学习生活情境中真实问题的社会责任感、研究精神和实践能力，又将学校空间逐渐转变为集成果展示、成果培育、成果运用为一体的课程场域。如学校教室的照明系统改进，“雨水花园”“战鹰苑”的新建等，均按学生课程研究成果实施，又形成了新的课程培育空间。

第六部分 附 件

附件 1：四川大学附属中学大概念的核心问题教学素养目标点检测表

大概念的核心问题教学素养目标点检测表（讨论稿）

<table>
<tr><td rowspan="2">基本
信息</td><td>执教教师</td><td></td><td>科 目</td><td></td></tr>
<tr><td>年 级</td><td></td><td>上课时间</td><td>年 月 日</td></tr>
<tr><td>课时名称</td><td colspan="4"></td></tr>
<tr><td>所属单元</td><td colspan="4"></td></tr>
<tr><td>单元大概念</td><td colspan="4"></td></tr>
<tr><td>单元核心问题</td><td colspan="4"></td></tr>
<tr><td>课时大概念</td><td colspan="4"></td></tr>
<tr><td>课时核心问题</td><td colspan="4"></td></tr>
<tr><td>课时素养目标</td><td colspan="4"></td></tr>
<tr><td>检测点</td><td colspan="4"></td></tr>
<tr><td>检测工具（检测题）</td><td colspan="4"></td></tr>
<tr><td rowspan="4">分类
标准</td><td colspan="4">A</td></tr>
<tr><td colspan="4">B</td></tr>
<tr><td colspan="4">C</td></tr>
<tr><td colspan="4">D</td></tr>
<tr><td rowspan="5">检测
统计</td><td>分类等级</td><td colspan="2">学生人数</td><td>百分比（总人数 人）</td></tr>
<tr><td>A</td><td colspan="2"></td><td></td></tr>
<tr><td>B</td><td colspan="2"></td><td></td></tr>
<tr><td>C</td><td colspan="2"></td><td></td></tr>
<tr><td>D</td><td colspan="2"></td><td></td></tr>
<tr><td>检测分析结果运用</td><td colspan="4"></td></tr>
<tr><td>素养目标达成典型实例</td><td colspan="4"></td></tr>
<tr><td>检测反馈</td><td colspan="4"></td></tr>
</table>

注意：请将所有学生的检测答卷附于表后。

附件 2：四川大学附属中学大概念的核心问题教学评价表

大概念的核心问题教学评价表（讨论稿）

评价者信息　姓名________　学科________　学校________________________

课堂内信息　教师________　科目________　时间________　班级及其特征________

课时名称____

所属单元____

单元大概念____

单元核心问题____

课时大概念____

课时核心问题____

评价目标	评价指标			评价方法结果
	一级指标	二级指标	三级指标	
实现活动体验中的学习与素养发展	具有大概念核心问题教学形态	核心问题利于活动体验	内含学科问题和学生活动方式	每项指标最高评8分（满分为96分） 合计____分
			问题情景与真实生活密切相关	
			能引发大概念、新知新法生成	
		教学目标价值引导恰当	两类目标正确全面	
			关联体验目标恰当	
			目标价值引导显现	
		教学环节完整合理落实	教学环节清晰完整	
			环节内容合理充实	
			学生活动时间充分	
		教学要素相互匹配促进	问题目标环节两两匹配	
			技术促进活动形式内容	
			素养导向突出氛围浓郁	
	具有大概念核心问题教学特质	拓展学习视野	课堂与现实世界有恰当关联	选择一个表现突出的二级指标，在相应三级指标引导下，以现场学生表现为主要依据，以其余指标为背景，于本表的第二页写出150字以上的简要评价
			有基于缄默知识的问题解决	
			有缄默知识运用的追踪剖析	
			知识运用剖析导向素养发展	
		投入实践活动	有真实而且完整的实践活动	
			实践活动深度融入两类情境	
			能够全身心地沉浸于活动中	
			活动的内容结果均丰富深入	

续表

<table>
<tr><td rowspan="2">评价目标</td><td colspan="3">评价指标</td><td rowspan="2">评价
方法结果</td></tr>
<tr><td>一级指标</td><td>二级指标</td><td>三级指标</td></tr>
<tr><td rowspan="15">实现活动体验中的学习与素养发展</td><td rowspan="15">具有大概念核心问题教学特质</td><td rowspan="4">感受意义关联</td><td>有核心问题的深层意义感受</td><td rowspan="15">选择一个表现突出的二级指标，在相应三级指标引导下，以现场学生表现为主要依据，以其余指标为背景，于本表的第二页写出150字以上的简要评价</td></tr>
<tr><td>有以知识为中心的关联感受</td></tr>
<tr><td>有以个人为中心的关联感受</td></tr>
<tr><td>有对三类大概念的关联感受</td></tr>
<tr><td rowspan="4">自觉反思体验</td><td>有实质性反思活动的开展</td></tr>
<tr><td>有课堂新因素的追踪利用</td></tr>
<tr><td>有体验的交流与改善重构</td></tr>
<tr><td>有概念生成中的素养发展</td></tr>
<tr><td rowspan="4">乐于对话分享</td><td>乐于自我的表达与认真的倾听</td></tr>
<tr><td>乐于合作中成果与思路的分享</td></tr>
<tr><td>乐于成果交流中深层意义分享</td></tr>
<tr><td>有宽容的对话氛围和双向交流</td></tr>
<tr><td rowspan="3">认同素养评价</td><td>认可素养评价</td></tr>
<tr><td>参与素养评价</td></tr>
<tr><td>利用素养评价</td></tr>
<tr><td colspan="5">大概念核心问题教学特质的简要评价（包括发展性建议）</td></tr>
</table>

附件 3：四川大学附属中学项目课程开发实施规划纲要

项目课程开发实施规划纲要

课程首席教师（姓名　组处）：

课程参与教师（姓名　组处）：

<table>
<tr><td>课程名称</td><td colspan="8"></td></tr>
<tr><td>课程类型
（勾选）</td><td></td><td>必修的综合实践活动课程</td><td></td><td>必修的劳动课程</td><td></td><td>选修的学科课程</td><td></td><td>选修的校本课程</td></tr>
<tr><td>实施对象</td><td colspan="3"></td><td colspan="2">建议选课
学生人数</td><td colspan="3"></td></tr>
<tr><td>课程课时及
上课时段</td><td colspan="8"></td></tr>
<tr><td>课程背景</td><td colspan="8">学生背景：
资源背景（含技术融合）：</td></tr>
<tr><td>课程内容
（核心问题）</td><td colspan="8"></td></tr>
<tr><td>课程目标</td><td colspan="8">结果性目标：
体验性目标：</td></tr>
<tr><td rowspan="6">课次计划</td><td>课次</td><td>主题</td><td colspan="2">研究环节</td><td>学生活动</td><td colspan="2">课前课后任务</td><td>活动地点及
技术融合</td></tr>
<tr><td>1</td><td></td><td colspan="2"></td><td></td><td colspan="2"></td><td></td></tr>
<tr><td>2</td><td></td><td colspan="2"></td><td></td><td colspan="2"></td><td></td></tr>
<tr><td>3</td><td></td><td colspan="2"></td><td></td><td colspan="2"></td><td></td></tr>
<tr><td>4</td><td></td><td colspan="2"></td><td></td><td colspan="2"></td><td></td></tr>
<tr><td>5</td><td></td><td colspan="2"></td><td></td><td colspan="2"></td><td></td></tr>
<tr><td>学生作品</td><td colspan="8"></td></tr>
<tr><td>评价方式</td><td colspan="8"></td></tr>
<tr><td>安全保障</td><td colspan="8"></td></tr>
<tr><td>条件保障</td><td colspan="8">课程开发组外部保障：
课程开发组内部保障：</td></tr>
<tr><td>开发次第</td><td colspan="8"></td></tr>
<tr><td>课程审批</td><td colspan="8">1. 课程教学处　　签章　　年　　月　　日
2. 课程教学处　　签章　　年　　月　　日</td></tr>
</table>

附件 4：四川大学附属中学大概念的核心问题教学单元规划纲要

大概念的核心问题教学单元规划纲要

学科__________ 教师____________________

（备课组内参与研究的教师可用同一纲要）

<table>
<tr><td>年级</td><td></td><td>单元名称</td><td></td><td>单元课时</td><td></td></tr>
<tr><td rowspan="2">单元内容</td><td>教材内容</td><td colspan="4"></td></tr>
<tr><td>课标内容</td><td colspan="4"></td></tr>
<tr><td rowspan="2">基础条件</td><td>资源基础</td><td colspan="4"></td></tr>
<tr><td>学生基础</td><td colspan="4"></td></tr>
<tr><td colspan="2">单元大概念及下层结构</td><td colspan="4"></td></tr>
<tr><td colspan="2">单元教学目标</td><td colspan="4"></td></tr>
<tr><td colspan="2">单元核心问题及问题分解</td><td colspan="4"></td></tr>
<tr><td colspan="2" rowspan="5">课时划分</td><td>课时</td><td>课时名称</td><td colspan="2">课时核心问题</td></tr>
<tr><td>第一课时</td><td></td><td colspan="2"></td></tr>
<tr><td>第二课时</td><td></td><td colspan="2"></td></tr>
<tr><td>第三课时</td><td></td><td colspan="2"></td></tr>
<tr><td>……</td><td></td><td colspan="2"></td></tr>
<tr><td colspan="2">教学评价</td><td colspan="4"></td></tr>
<tr><td colspan="2">单元作业</td><td colspan="4"></td></tr>
<tr><td colspan="2">反馈调整</td><td colspan="4"></td></tr>
</table>

附件 5：四川大学附属中学学生活动写实记录表

项目课程学生活动写实记录表

<table>
<tr><td>姓名</td><td colspan="2"></td><td>年级
班级</td><td></td><td>班主任姓名</td><td></td></tr>
<tr><td>课程
名称</td><td colspan="2"></td><td colspan="2">课程内容
（核心问题）</td><td colspan="2"></td></tr>
<tr><td rowspan="7">课次活动</td><td>活动
次数</td><td>参与
时间</td><td>活动地点</td><td>任课教师</td><td>活动目的及内容</td><td>承担任务及执行写实</td></tr>
<tr><td>1</td><td></td><td></td><td></td><td></td><td></td></tr>
<tr><td>2</td><td></td><td></td><td></td><td></td><td></td></tr>
<tr><td>3</td><td></td><td></td><td></td><td></td><td></td></tr>
<tr><td>4</td><td></td><td></td><td></td><td></td><td></td></tr>
<tr><td>5</td><td></td><td></td><td></td><td></td><td></td></tr>
<tr><td>…</td><td></td><td></td><td></td><td></td><td></td></tr>
<tr><td rowspan="2">活动成果</td><td colspan="2">成果名称</td><td>成果形式</td><td>合作者姓名</td><td>指导教师</td><td>交流发表获奖情况</td></tr>
<tr><td colspan="2"></td><td></td><td></td><td></td><td></td></tr>
<tr><td rowspan="3">活动评价</td><td colspan="2">自我评价
（不少于300字）</td><td colspan="4"></td></tr>
<tr><td colspan="2">同学评价</td><td colspan="4"></td></tr>
<tr><td colspan="2">教师或社会评价</td><td colspan="4"></td></tr>
<tr><td colspan="7">附件清单（附件包括现场照片、实物作品、研究方案、调查或考察报告、研究或设计报告、文章等等）</td></tr>
</table>

附件6：四川大学附属中学各类竞赛学分计算方法

1. 凡参加市级以上行政教育部门组织的竞赛，获市三等奖以上得1学分，获省二、三等奖得2学分，获省一等奖、国家三等奖得4学分，获国家二等奖得5学分，获国家一等奖得6学分，获国际奖得10学分。

2. 参加体育竞赛获全国竞赛第一名按国家一等奖记，获全国竞赛第二名按国家二等奖记，获全国竞赛第三名按省级一等奖、国家三等奖记，获全国竞赛第四名至第六名按省级二等奖记，获全国竞赛第七名至第八名按省级三等奖记。

3. 美术作品、设计作品、音乐技能和文艺创作竞赛获全国优秀按省级一等奖记。

4. 科研创新活动及论文学分计算方法：市级学生论文获奖1学分、省级2学分、国家级3学分。

下篇　校本课程开发与实施示例

大学·附中联盟建设探索与实践

“大学·附中联盟建设探索与实践”课程开发规划纲要

课程首席教师：陈琳（行政办公室）

课程参与教师：邓苹　田妮（行政办公室）

<table>
<tr><td>课程名称</td><td colspan="8">大学·附中联盟建设探索与实践</td></tr>
<tr><td>课程类型
（勾选）</td><td></td><td>必修的综合实践活动课程</td><td></td><td>必修的劳动课程</td><td></td><td>选修的学科课程</td><td>√</td><td>选修的校本课程</td></tr>
<tr><td>实施对象</td><td colspan="3">高一</td><td colspan="2">建议选课学生人数</td><td colspan="3">25 人</td></tr>
<tr><td>课程课时及上课时段</td><td colspan="8">共 5 次课，10 课时</td></tr>
<tr><td>课程背景</td><td colspan="8">学生背景
近年来高考改革的速度不断加快，高考的录取办法和应考策略等不断发生变化。在这种改革的大背景下，高校信息的发布、与高中的信息深度交流与沟通、与中学的合作与共建，成为新招考时代的重要要求。
高普衔接是学校发展的一项重要工作，现在，将此工作转化为一门综合实践活动课程，由参与课程的学生与川大的学院进行交流，商讨两校深度联盟与合作，持续开展对话交流。
在大学·附中研究文化的熏陶之下，我校学生对四川大学有着更多的向往，本课程能为学生打通走进川大、认识川大的道路，为学生的学涯、生涯规划提供帮助，搭建平台。
资源背景
我校作为四川大学的附属中学，与四川大学有着一脉相承的血缘关系。学校的办学思想、办学特色、文化理念、育人方式等方面，均体现了作为大学附中的鲜明特点。
我校与四川大学已经有了较为丰富的合作，如教授讲堂、拔尖人才联合培养、资源共享等。育人方式改革的实践促进了我校转型性发展，重新梳理凝练学校文化体系和内涵，重点强化大学附中研究文化：在川大研究性大学文化的持续浸润下，坚持在研究与改革中工作学习、在工作学习中实践研究与改革，彰显“培养—研究性”大学附中的办学特色，培养“全面发展、长于研究”的学生。建设“培养—研究性”大学附中是学校转型性发展的目标，行政办公室利用校地共建的契机，将建设“培养—研究性”大学附中的举措转化为综合实践活动课程。
目前，四川大学已有两所学院与我校签订了合作协议，分别是水电学院、空天科学与工程学院。四川大学表示希望与我校有更多的交流和联系。
作为四川省的一流综合高校，四川大学是广大高中毕业生向往的求学殿堂。每年，我校都有数十位学生考入四川大学，丰富的校友资源也为本课程的实施奠定了基础</td></tr>
</table>

<table>
<tr><td>课程内容
（核心问题）</td><td colspan="5">调查四川大学和四川大学附属中学联盟建设的诉求，撰写调研报告，商讨四川大学与川大附中合作协议的补充条款，举办大学·附中联盟建设论坛</td></tr>
<tr><td>课程目标</td><td colspan="5">结果性目标
1. 在走访调查中了解人才早期培养的现状和需求，促进中学生认识自我、认识高校、认识社会。
2. 学生能够通过学习掌握调查研究的路径方法及撰写协议的一般方法，撰写调查报告，提出大学·附中联盟建设的建议。
3. 学生能够组织策划大型活动。
体验性目标
在调查、商讨、策划活动的过程中，体验大学·附中联盟建设与学校发展的关联</td></tr>
<tr><td rowspan="6">课次计划</td><td>课次</td><td>主题</td><td>学生活动</td><td>课前课后任务</td><td>活动地点</td></tr>
<tr><td>1</td><td>讲解课程内容、课程目标，搜集、整合课程资源，明确分组任务</td><td>了解课程内容和目标；分小组讨论选择四川大学的学院，确定方向</td><td>充分调研、了解两校协同发展的目的意义；搜集四川大学学院信息，搜集家长、校友资源；与四川大学的学院取得联系</td><td>学校教室</td></tr>
<tr><td>2</td><td>分小组走进四川大学的学院，开展联盟活动</td><td>进入四川大学，参观学院，与学院商议结盟事宜；起草联盟协议；做好写实记录</td><td>准备访谈提纲；做好安全预案；搜集汇总访谈信息</td><td>四川大学望江校区</td></tr>
<tr><td>3</td><td>通过发布问卷、采访，开展调查</td><td>设计并发布调查问卷，进入四川大学，进行采访，做好写实记录</td><td>编写、发布、统计调查问卷（学生版、家长版）、准备访谈提纲；做好安全预案</td><td>四川大学望江校区</td></tr>
<tr><td>4</td><td>整理各组信息，策划并准备联盟论坛</td><td>策划并准备联盟论坛；做好写实记录</td><td>搜集汇总访谈信息；做好签约准备</td><td>四川大学望江校区</td></tr>
<tr><td>5</td><td>举办联盟论坛</td><td>主持并参与联盟论坛</td><td>编写《论坛手册》</td><td>学校大会议室</td></tr>
<tr><td>学生作品</td><td colspan="5">学生对两校合作协议补充条款的建议；各组参与过程影视资料</td></tr>
<tr><td>评价方式</td><td colspan="5">过程评价与结果评价相结合，自评与他评相结合</td></tr>
</table>

续表

安全保障	按照学校综合实践活动课安全方案要求进行申报，教师全程带队组织，确保学生在校外校内参与课程的安全
条件保障	课程开发组外部保障：四川大学招办及五大学院领导专家、家长的支持 课程开发组内部保障：学校四楼大会议室设施设备、X展架
开发次第	学程为首次开发
课程审批	1.课程教学处：　　签章　　年　月　日 2.学生发展处：　　签章　　年　月　日

“大学·附中联盟建设论坛”展示交流

一、教学分析设计

1. 背景分析

高考改革是教育体制改革中的重点领域和关键环节，全社会极其关注。十八届三中全会通过了《中共中央关于全面深化改革若干重大问题的决定》，对这项改革做出了全面、系统、明确的部署。到2020年，要基本建立中国特色现代教育考试招生制度。

但就目前高中和大学之间的关系来看，就如北京师范大学教育学部部长石中英所言：“就像是两个圆，外相切而不相交，相切点就是高考，但是两个圆内各自关注的内容都没有超过这个相切点。”不过这个相切点本身可能正是割裂两者的重要原因，打破大学高中教学之间的壁垒，探讨高中高校教育的深度衔接，高校信息的发布、与高中的信息深度交流与沟通、与中学的合作与共建，成为新招考时代的重要要求，也对青少年人才可持续培养有深远的意义。

2018年，成都市政府办公厅印发了《关于推进校地共建高校附属学校的指导意见》，要推动地方政府与在蓉高校共建高水平的附属学校，成都市、武侯区和我校正在探索大学附中的人才共育机制。

2. 学生分析

从我校学生的特点来看，在大学附中研究文化的熏陶之下，我校学生对毗邻的四川大学有着很大的向往。他们不但有学科提升、学业规划的需求，更有对提升自我的认知策略（求知、分析、论述、批判及解决问题的能力）、自我省思及学术素养的需求。本课程能为学生打通走进川大、深度认识川大的道路，为学生的学涯、生涯规划提供帮助，为培养学生研究素养搭建平台。

3. 资源分析

我校作为四川大学的附属中学，与四川大学有着一脉相承的血缘关系。从学校的办学思想、办学特色、文化理念、育人方式等方面，均体现了作为大学附中的鲜明特点。

我校与四川大学已经有了较为丰富的合作，如教授讲堂、拔尖人才联合培养、资源共享等。育人方式改革的实践促进了我校转型性发展，重新梳理凝练学校文化体系和内涵，重点强化大学附中研究文化：在川大研究性大学文化的深度持续浸润下，坚持在研究与改革中工作学习、在工作学习中实践研究与改革，彰显“培养—研究性”大学附中的办学特色，培养“全面发展、长于研究”的学生。建设“培养—研究性”大学附中是学校转型性发展的目标，行政办公室利用校地共建的契机，将建设“培养—研究性”大学附中的举措转化为综合实践活动课程。

目前，四川大学已有两所学院与我校签订了校地共建的协议，分别是水电学院、空天科学与工程学院。四川大学表示希望与我校有更多的交流和联系。

作为四川省的一流综合高校，四川大学是广大高中毕业生向往的求学殿堂。每年，我校都有数十位学生考入四川大学，丰富的校友资源也为本课程的实施奠定了基础。

4. 设计思想

本课程着眼于调查、走访四川大学和附中师生及家长。分析联盟双方在大学·附中联盟建设的现状及诉求，撰写调查报告，根据调查结果商讨在两校合作协议框架下、其补充协议的建议，以论坛的形式探讨大学·附中联盟建设的发展之路。学生立足于自身和学校发展，发现问题、提出问题、解决问题、推广运用。让学生深入体验研究过程，培养学生的求知、分析、论述、批判及解决问题的能力。同时希望研究成果能促使两校建立双向交流的常态机制，在信息上互通有无、在政策上互商互议、在发展中互激共生。

本次课为第五次课，举办大学·附中联盟建设论坛，环节如下：

①播放视频；

②校长宣布论坛开幕；

③学生汇报展示，展示分两组：调查报告组、协议组；

④自由论坛：学生、家长、附中领导、四川大学领导围绕“大学·附中联盟建设”及对《四川大学与川大附中共建高校优质附属学校的合作协议（补充协议）》的建议进行自由发言；

⑤四川大学领导讲话；

⑥米校长讲话；

⑦颁发奖状。

5. 教学目标

结果性目标：①充分调研，提出大学·附中联盟建设的有效建议。

②参与论坛，学会分析、论述、沟通及如何解决问题。

体验性目标：学生在展示、交流、评价活动中，体验研究成果与研究过程之间的关联，体验大学·附中联盟建设与学校发展的关联。

6. 媒体分析

教学媒体	功能
音频设备	辅助学生展示研究成果
电子屏幕	展示学生 PPT
视频设备	播放学生视频、全程记录论坛过程

二、教学实施设计

1. 教学环节

教学环节	具体内容	学生活动	设计意图
环节一	播放课程视频； 主持人登场、开场白、介绍与会领导嘉宾	主持人登场； 聆听主持人讲解	进入情境，川大附中首届大学·附中联盟建设论坛开幕

续表

教学环节	具体内容	学生活动	设计意图
环节二	米云林校长致开幕词		
环节三	学生展示汇报课程参与情况及成果	分小组展示： 第 1 组：报告组 第 2 组：协议组	充分调动学生的主人公意识，将个人成长与学校发展相联系
环节四	论坛环节，交流互动： 学生、家长、米校长、川大领导及嘉宾自由发言，共同商议《四川大学与川大附中共建高校优质附属学校的合作协议（补充协议）》内容	学生主持并参与论坛发言： 学生就五大学院的特色、资源等提出有针对性的协议补充内容的建议	通过自由发言环节，对大学·附中联盟建设的发展进行深入思考
环节五	四川大学领导讲话	聆听领导讲话，做好记录	对学生活动、补充协议的建议及课程进行点评，促进师生反思提升
环节六	川大附中米校长讲话		
环节七	颁发奖状 奖状内容：大学·附中联盟建设先进班集体 班级：2、3、4、5、7、8、9、10、11、13、15	学生代表接受奖状	对参与本课程的学生予以鼓励

2. 教学流程图

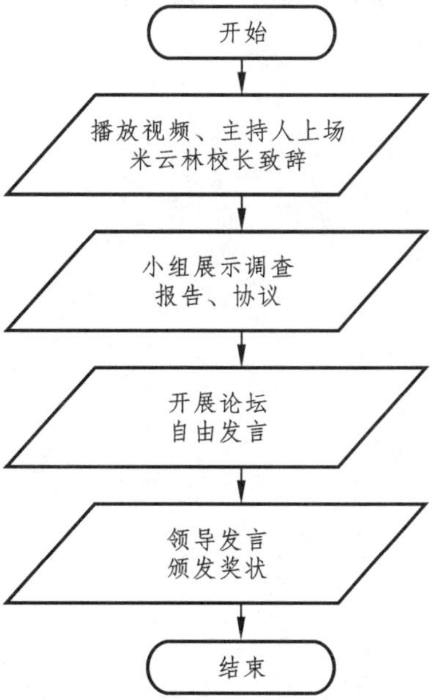

三、教后评价设计

1. 信息搜集

课后主要收集了学生在论坛结束后关于“大学·附中联盟建设的发展之路”书面短文共计 25 份。

2. 自我评价

四川大学与附中，百年沧桑砥砺，血缘相连文脉相承。如果说 2003 年恢复加挂“川大附中”校牌是两情相悦共续前缘，2018 年市政府主导的高校与地方政府共建高质量附中则是政策支持的联姻。本期，行政办公室 3 名老师和 25 位来自不同班级的高一学生，共同开发的综合实践活动课程“大学—附中联盟建设探索与实践”，在前期问卷调查、实地考察、交流访谈、信息汇总、分析研究、撰写报告的基础上，12 月 15 日下午，以附中学子主持的汇报和研讨、川大领导和学院教授参与的论坛形式，把课程实施推向高潮。

学生在论坛上的表现相当出色，得到川大领导和教授们的肯定。在讨论环节，教授们对同学们提出来的问题、想法、期望做出回应，并从各自学科领域的角度为同学们指出深入学习、研究的方向。这是一次论坛，是一门研究性课程，是附中学子与“一流研究性大学”教授、学术大家对话的机会，更是在大师身边成长、在科学研究氛围中浸润、受到科学精神感召的川大附中育人环境打造的积极探索。我们期望通过这样的由师生共同开发与实施的综合实践活动课程，让同学们在学习与生活实际中发现问题，在亲身实践中融会贯通地运用知识解决问题的过程中，拓宽视野、提升能力、发展思维、积淀素养，实现“以研究性课程和研究性教师培育‘全面发展、长于研究’的学生”的育人目标，进一步彰显“培养—研究性”大学附中的办学特色。

川大附中项目课程核心问题教学评价表

<table>
<tr><td rowspan="2">评价目标</td><td colspan="3">评价指标</td><td rowspan="2" colspan="2">评价结果</td></tr>
<tr><td>一级指标</td><td>二级指标</td><td>三级指标</td></tr>
<tr><td rowspan="30">实现活动体验中的学习与发展</td><td rowspan="12">具有核心问题教学形态</td><td rowspan="3">核心问题
利于活动体验</td><td>内含客观问题和学生活动方式</td><td>8</td><td rowspan="12">每项指标最高为8分

合计 91 分</td></tr>
<tr><td>问题情景与真实生活密切相关</td><td>8</td></tr>
<tr><td>能引发新知识、新方法的生成</td><td>7</td></tr>
<tr><td rowspan="3">教学目标
价值引导恰当</td><td>两类目标正确全面</td><td>8</td></tr>
<tr><td>关联体验目标恰当</td><td>8</td></tr>
<tr><td>目标价值引导显现</td><td>7</td></tr>
<tr><td rowspan="3">教学环节
完整合理落实</td><td>教学环节清晰完整</td><td>8</td></tr>
<tr><td>环节内容合理充实</td><td>8</td></tr>
<tr><td>学生活动时间充分</td><td>7</td></tr>
<tr><td rowspan="3">教学要素
相互匹配促进</td><td>问题目标环节两两匹配</td><td>7</td></tr>
<tr><td>技术促进活动形式内容</td><td>7</td></tr>
<tr><td>课程特点突出氛围浓郁</td><td>8</td></tr>
<tr><td rowspan="18">具有核心问题教学实质</td><td rowspan="3">拓展学习视野</td><td>课程与现实世界有恰当关联</td><td colspan="2" rowspan="18">选择一个表现突出的二级指标，在相应三级指标引导下，以现场学生表现为依据，于本表的第二页写出150字以上的简要评价</td></tr>
<tr><td>有基于缄默知识的问题解决</td></tr>
<tr><td>有缄默知识运用的追踪剖析</td></tr>
<tr><td rowspan="3">投入实践活动</td><td>有真实而且完整的实践活动</td></tr>
<tr><td>能够全身心地浸渍于活动中</td></tr>
<tr><td>活动的内容结果均丰富深入</td></tr>
<tr><td rowspan="3">感受意义关联</td><td>有核心问题的深层意义感受</td></tr>
<tr><td>有以知识为中心的关联感受</td></tr>
<tr><td>有以个人为中心的关联感受</td></tr>
<tr><td rowspan="3">自觉反思体验</td><td>有实质性反思活动的开展</td></tr>
<tr><td>有课程新因素的追踪利用</td></tr>
<tr><td>有体验的交流与改善重构</td></tr>
<tr><td rowspan="3">乐于对话分享</td><td>乐于自我的表达与认真的倾听</td></tr>
<tr><td>乐于合作中成果与思路的分享</td></tr>
<tr><td>有宽容的对话氛围和双向交流</td></tr>
<tr><td rowspan="3">认同体验评价</td><td>认可体验评价</td></tr>
<tr><td>参与体验评价</td></tr>
<tr><td>利用体验评价</td></tr>
</table>

核心问题教学实质的简要评价
课程整个学习过程，特别是大学·附中联盟论坛的举办，学生在核心问题教学实质方面做得最好的是“投入实践活动”和“感受意义关联”。 2018年，成都市政府办公厅印发了《关于推进校地共建高校附属学校的指导意见》，要推动地方政府与在蓉高校共建高水平的附属学校，成都市、武侯区和我们正在探索大学附中的人才共育机制。四川大学与我校目前的合作现状怎样，附中师生、家长对此有着怎样的诉求与期待，全体学生认真学习相关文件和协议，深入两校采访调查，在实践活动中感受大学·附中联盟的意义。 在论坛上，调查报告组和协议组的学生分别做了汇报。针对家长问卷、学生问卷的回收数据做出了全面分析，无论是家长还是学生都对“大学·附中联盟”充满期待。希望以此为契机，提升学生学科素养，深入了解高校。协议组同学以严肃严谨的态度研习了《四川大学与四川大学附属中学共建高校优质附属学校的合作协议》，对协议的构成，甲乙方的权利与义务进行了解读。基于四川大学与四川大学附属中学的历史渊源、合作现状，调查走访的分析，学生积极发言，就联盟建设的发展进行畅想。 与会的四川大学彭国华教授提出联盟要发展，两校老师应加强交流融合，大学老师向下扎根，中学老师向上延伸；四川大学拥有很多国家级资源，非常愿意配合附中，满足学生的学习需要。但建议学生不能只局限于“高考”，眼光应长远一些。林方教授说，促进基础学科发展的动力并不是“有用”，而是“好玩”，建议高中学生不要把全部精力都用来提高成绩，应该先确定自己的兴趣点和发展方向。四川大学附属中学的校友周向葛教授满怀感情地回忆了自己在附中的求学路，他表示川大愿意为学有余力的学生“加餐”，比如开设讲座帮助学生理解高中知识背后的原理，指导学生学习大学课程，开放实验室等。吴传芳教授谈到，联盟建设上，生命学院已有行动，比如为附中学生开放实验室，提供设备设施和实验材料等，最近我校生物老师的综合实践课程，生命学院给予了积极配合与支持。大学很乐意为年轻的学子提供帮助，也希望学生对学习永远抱有敬畏之心。丁莎老师表示，计算机学院年轻有活力，愿意和附中共建计算机实验室，带领同学们学习与生活联系紧密的知识，比如日常生活中会遇到的门禁、校园卡等计算机编程问题。 廖爱民处长肯定了这次课程的意义和学生的成果。同学们的问卷设计方向也正是川大需要的。同时他代表学校表态愿意配合附中，满足孩子们的需求，帮助附中的孩子们更健康地成长

川大附中项目课程体验性目标点检测表

<table>
<tr><td rowspan="5">基本信息</td><td>首席教师</td><td colspan="2">陈琳</td><td>组/处</td><td>行政办公室</td></tr>
<tr><td>参与教师</td><td colspan="2">邓苹</td><td>组/处</td><td>行政办公室</td></tr>
<tr><td>参与教师</td><td colspan="2">田妮</td><td>组/处</td><td>行政办公室</td></tr>
<tr><td>年　　级</td><td>高一</td><td>上课时间</td><td colspan="2">2020 年 12 月 15 日下午三、四节课</td></tr>
<tr><td>课程名称</td><td colspan="4">大学·附中联盟建设探索与实践</td></tr>
<tr><td>核心问题</td><td colspan="5">调查四川大学和川大附中联盟建设的诉求，撰写调研报告，商讨四川大学与川大附中合作协议的补充条款，举办大学·附中联盟建设论坛</td></tr>
<tr><td rowspan="2">教学目标</td><td>结果性目标</td><td colspan="4">1. 在走访调查中了解人才早期培养的现状和需求，促进中学生认识自我、认识高校、认识社会。
2. 学生能够通过学习掌握调查研究的路径方法及撰写协议的一般方法，撰写调查报告，提出大学·附中联盟建设的建议。
3. 学生能够组织策划大型活动</td></tr>
<tr><td>体验性目标</td><td colspan="4">在调查、商讨、策划活动的过程中，体验大学·附中联盟建设与学校发展的关联</td></tr>
<tr><td>检测点</td><td colspan="5">学习革命传统作品对促进文化传承与理解和发展语言建构与运用能力的重要意义之间的关联</td></tr>
<tr><td>检测任务</td><td colspan="5">在“大学·附中联盟建设论坛”上，阐述四川大学与我校目前的合作现状以及附中师生家长的诉求与期待，并与四川大学教授对话交流。</td></tr>
<tr><td rowspan="3">分类标准</td><td colspan="5">A．观点明确、逻辑清晰，材料翔实，分析到位</td></tr>
<tr><td colspan="5">B．观点明确但逻辑不够清晰，材料充实，分析合理</td></tr>
<tr><td colspan="5">C．观点基本明确，材料较为单薄，分析肤浅</td></tr>
<tr><td rowspan="4">检测统计</td><td>分类等级</td><td colspan="2">学生人数（总人数 25 人）</td><td colspan="2">所占百分比</td></tr>
<tr><td>A</td><td colspan="2">12</td><td colspan="2">48%</td></tr>
<tr><td>B</td><td colspan="2">8</td><td colspan="2">32%</td></tr>
<tr><td>C</td><td colspan="2">5</td><td colspan="2">2%</td></tr>
<tr><td>检测分析及结果运用</td><td colspan="5">从最终统计结果来看，A、B 等级的同学共有 20 人，这类同学对在论坛上的发言有较为深刻的体验。协议组张又文同学说道：这是我们第一次接触到如此严肃的法律文书，我们组员都怀着无比庄重、神圣的态度认真学习。首先，我们学习了《四川大学本科生源基地建设协议》，这份协议是两校在 2019 年 10 月 30 日签订的。协议是经过谈判、协商而制定的共同承认、共同遵守的文件。协议双方成为甲方、乙方，协议正文包括甲方的权利与义务、乙方的权利与义务、违约责任、争议解决方式。协议一般一式两份，甲乙双方各执一份，具有同等效力。最后还有甲方（签字或手印） 乙方（签字或手印），以及双方联系电话、地址、签订日期。高帅晨同学说四川大学在原选派的基础上进行调整或重新组建专家顾问团，以开设讲座、报告、授课、辅导和实验、研究等形式，指导附中教育教学和学生发展。着力于拔尖创新人才的早期培养，川大教授、博士在附中设立“拔尖创新人才早期培养工作站”，开展竞赛及特优生培养，建立起附中学生 “在科学家身边成长”的机制。
王翔同学在发言中说到，说到开设讲座，在 9 月份前，我们川大附中举办了一次夏令营的活动，其中川大的罗懋康教授在夏令营为我们进行过学术指导，为我们刚步入</td></tr>
</table>

续表

检测分析及结果运用	高中的学生讲解数学这个学科，也讲了他所深入研究的“应用数学”领域。在罗懋康教授讲述的时候，我们讲台下的同学们听得津津有味、目不转睛，甚至在罗教授讲完后，还有很多同学们跑去问问题，这一场的学术指导给了我们附中学子非常大的影响。其实在当时，我们的同学们并不是非常了解罗教授，但在我整理这次汇报时，我上网查了一下罗教授的资料，才发现罗教授是多么的优秀，能够听到罗教授的讲座，是当时参加夏令营的同学莫大的荣幸。通过这次的协议合作，能让更多的同学获得川大教授、博士的授课、辅导，定会让我们川大附中的学生受益匪浅。 得C等级的同学有5位，他们因为第一次参与这类论坛活动，临场应变能力和心理素质有待提高，语言表达不够流畅，但生物组的曾虹瑞同学谈到，希望川大生命科学学院相关专业相关专家学者给川大附中生物组师生传授专业课程，尤其是前沿科学，多跟川大附中师生交流川大生命科学学院的专家学者们的研究历程和研究成果，并指导师生使用先进仪器设备开展教学实践活动
学生深度体验典型实例	化学组学生发言节选：作为高一年级的新生，在9月开学之初便看到学校开设了“大学·附中联盟建设探索与实践”这门综合实践活动课，我怀着好奇和期待的心情，毅然选择了这门课。3个月来，在老师的带领下，我们查阅了大量资料文献，多次进入川大参观、走访，和大学的领导教授们交流。今天，在大家的共同努力下，推动附中与川大的联盟建设，举办这次论坛，作为川大附中的一名学生，我感到无比的幸运。四川大学化学学院是我国最早建立的化学院系之一，我们化学小组的成员自身对化学这个学科有着浓厚的兴趣，我们毅然参加了化学小组。据我们了解，川大化学学院拥有许多庞大先进的实验室及高端实验设备。无机化学、分析化学、有机化学和物理化学4个基础课实验室以及综合化学实验室、创新实验室组成的基础实验教学中心。学院还建有化学专业实验室、应用化学专业实验室和仪器中心。在如今科技日新月异的情况下，我们发自内心地希望能有机会走进化学学院的实验室，了解尖端的仪器设备，我们甚至想亲手去操作这些实验仪器，满足心中对知识的渴求。化学是一门以实验为基础的学科，如果有机会的话，我们希望可以使用川大的云实验平台完成一些基础实验。同时，我们周围还有一些同学，在学有余力的情况下，希望提前学习大学化学知识，我们了解到，川大有一流的课程建设，如大学化学、高分子科学导论、分析化学、放射化学、绿色化学，其中放射化学、绿色化学两门课程是通过“中国大学MOOC”平台在线学习，这样，我们还能接触到全球顶尖高校的大咖学者。 计算机组学生发言节选：对于川大，自是不陌生。一是因为学校本就闻名遐迩，二则是因为我家与川大只有两个红绿灯之隔。打我记事起，去过川大的次数已数不清。每次都抱着游览的态度，却没想到会有机会去深入了解它。一次偶然的机会，我加入了“大学·附中联盟建设探索与实践”这门综合实践活动课。在老师的带领下，我们进入了计算机学院教学楼内，听了关于3D人脸识别的知识课，但是令我印象最深刻的，还是图像图形研究所，还记得刚进入室内，曲面屏电脑上，满屏复杂的代码公式，陌生的英语词汇，映入了我的眼帘。但学长们一个个淡定自如，专注地做着各自的任务。看着他们操作时的神态，像极了在考试的我们，一样认真、严谨，让我们也不由得放轻了脚步，安静观看。走进实验室，我们第一次感受到科研的魅力，那里不仅有视觉上的巨大冲击，更有一种神圣庄严的气氛深深感染了我。参观结束后，学院的老师告诉我们，在研究所里的学生，进校时也有一部分是零基础，但只要肯勤奋努力，也能达到从前看似遥不可及的高度。听完这番话，我深有感触。人的天赋决定了他的起点，但人的高度却由他的努力决定！

“大学·附中联盟建设探索与实践”调查报告

邓怡珊　吴锦悠　任梦菡　蒋梦玲　任治州　陈翰迪　王梓轩　肖亦何　杨昕彦　宿顺熙
张又文　艾贺国　高帅晨　辜昱昊　曾虹瑞　丁锦谊　李诗尧　邹正卿　吴颜瑞　金菲蕊
王翔　梁文豪　何卓恒　卢厚辰　杨浩然

一、调查背景

鉴于当前国家对于创新型与研究性人才的需求，地方鼓励支持大学联手地方政府建设优质大学附中，我校与四川大学达成一致，开展优质大学附中建设。我们本次课题正是基于校地共建的大背景下，以及川大和附中已有的合作基础上，进行大学附中联盟建设的深入实践与探索。

二、调查目的

为了培养创新型人才，附中与川大决定建立更紧密的合作，川大为我校学生提供大学资源，提升学生的综合素质与科研精神，搭建一个深度交流学习平台。本次调查主要是为了了解中学生对川大联盟合作的需求，合理充分利用川大资源。

三、调查对象

附中学生与家长、川大和附中的领导与老师。

四、调查方法和内容

1. 调查方法

采用当面访谈形式，采访川大和附中领导与老师，进行交流访谈。

采用问卷调查形式，针对附中学生与家长对于附中和川大联盟建设的看法和需求，进行网络问卷调查。

2. 调查内容

（1）采访内容。

①对本次建设大学附中联盟活动的看法。

②建立大学附中联盟对附中的帮助。

③对联盟建设的建议。

④对当前附中与川大之间联系的看法。

⑤能开发川大的哪些资源。

⑥加强两校互动交流的方法。

（2）问卷内容。

A. 学生问卷

①你的年级。
②你平时会主动关注四川大学的信息吗。
③你对四川大学信息了解的途径是什么。
④你对四川大学的关注点是什么。
⑤你是否愿意报考四川大学。
⑥你认为目前四川大学与附中的关系。
⑦你参与过哪些我校组织的与四川大学相关的活动。
⑧你希望学校组织哪些与四川大学相关的活动。
⑨你最想前往四川大学参观的地方。
⑩你最希望四川大学为我校开设的讲座类型。
⑪你第二希望四川大学为我校开设的讲座类型。
⑫你第三希望四川大学为我校开设的讲座类型。
⑬你希望四川大学能为我校课程建设提供哪些方面的帮助。
⑭你希望四川大学为我校拔尖人才的培养提供哪些帮助。
B. 家长问卷
①您的身份。
②您知道四川省成都市第十二中学和四川大学附属中学是同一所学校吗。
③以下校名您更喜欢哪个。
④四川大学附属中学给您的第一感受。
⑤四川大学和附属中学联盟建设的必要性。
⑥四川大学和四川大学附属中学联盟建设，您关心哪些方面。
⑦您希望四川大学对附中开放哪些资源。
⑧如果四川大学和四川大学附属中学建立联盟，您希望四川大学到附中交流的人员有哪些。
⑨如果四川大学老师到附中开设讲座或课程，您希望是哪几位老师。
⑩如果四川大学学生到附中开设讲座或课程，您希望是哪些课程。
⑪如果四川大学和四川大学附属中学建立联盟，您希望定期举办哪些活动。
⑫如果四川大学和四川大学附属中学建立联盟,您希望开设的大学选修课有哪些。
⑬您希望四川大学参与高中学生评价的作用是什么。
⑭如果四川大学和四川大学附属中学建立联盟，您是否希望大学参与高中学生评价。
⑮您希望四川大学和附中联盟建设可以起到哪些作用。

五、调查分析

1. 采访

➢ 采访实录

（1）采访川大附中副校长苏梅。
采访者：王翔、何卓恒、卢厚辰

问题 1：您对本次大学·附中联盟建设的看法？

回答：我非常赞成这次活动。川大附中自 1908 年建立之初就一直和川大相邻相伴，也一直和川大有深度的合作。到 1953 年教育局把川附收编为“成都第十二中学”后，虽然我们名字改了，但是我们仍和川大保持密切联系。到了 90 年代末期的时候，其实川大和附中双方都有合作的意愿。所以当时附中还是市直属的时候，我们就提出要恢复“四川大学附属中学”这块牌子。于是从 2003 年到今天我们就一直是“四川大学附属中学”和“成都市第十二中学”两个校名一起用。然后到了 2018 年，成都市出台了文件，鼓励支持大学联手地方政府建设优质大学附中，当然首选的就是我们川大附中，还有师大附中等。那事实上这个时期其实是市政府和市教育局来运作建立优质的高校附中这个事情。

我觉得我们以这样一个综合实践课程来加强附中和川大之间的联系是非常重要的。所以我认为开设这样一个课程，进行这样一个活动是非常好的。

问题 2：您怎么看现在附中与川大的联系？

回答：我们现在和川大在很多方面是有非常深度的合作的，但是现在这种联系还不够紧密，我认为应该拓宽合作面，让所有的附中学子都可以享受到川大的优质资源。以我的了解，无论是川大的校长、各院院长还是老师，都愿意提供一些优质资源供我们附中使用。

问题 3：我们能否开发川大的更多资源，如实验室、社团等？

回答：就如你刚刚所说的，我们不仅可以走出去到川大，也可以请川大的教授走进来。这也是我们一直在做的一件事。像我们附中的专家团就是由很多川大的教授、院士组成的，他们会定期地来学校造访。还比如两校校团委的交流，像川大那边的校团委有什么活动可以到我们学校来，然后我们的学生也可以到他们那边去开展活动。这一块我们可以做一些衔接。因为我们之前就跟川大的校团委有一些接触，他们有很多志愿者服务，还比如科技的一些方面等。我们这边的社团可以和他们的社团一起开展活动。在这方面川大校团委的老师是非常支持和愿意来跟我们交流与合作的。

（2）采访川大附中校长助理、课程教学处主任张谦。

采访者：李诗尧、邹正卿、吴颜瑞、金菲蕊、丁锦谊

问题 1：对本次建设大学·附中联盟的看法。

回答：

①川大可以为附中学子提供开阔眼界的机会。

②附中可以给川大学子提供来此实习的机会。

③课程的构建：拔尖创新人才的课程等。

问题 2：建立大学·附中联盟对附中的帮助。

回答：

①让合作变得更加具体、方便、快捷。由于联盟是对接学院的，所以从这以后我们能直接与各学院联系，与他们交流相关学科的具体问题，让每一次来往都变得更加精准与高效。同样能够加强我们与川大间的联系，增进两校间的友谊。

合作构建课程，包括软件及硬件两方面。例如，我校学生进入川大生物实验室进行实验。联盟的建立，这样的课程也可以更加长期有效。

②对学生来说，给附中搭建了一个进入大学的平台，我们可以在其中提升自己的能力，同时也使我们对自己的人生规划更加清晰。

附中学子与川大学子间也可进行交流，也就是所谓同龄人（只相差两三岁）之间的交流也许能够让我们受益匪浅。同时学姐学长（尤其是附中毕业的校友）也能够作为一个领路人，对我们进行人生这一段路程上的指导。

③联盟构建的机制可以为后来的学弟学妹的发展提供帮助，“荫庇后来者”。

问题 3：对联盟建设的建议。

回答：用高远的眼光看待联盟，而不是单单以同龄人的角度。通过问卷也可了解身边的同学们的诉求，例如，通过这个平台，他们能解决什么问题；当考取川大以及保研的时候有什么能够完成的细节。进一步解决联盟合约的细节问题。

问题 4：附中能为川大做些什么？

回答：在这个“你来我往”的联盟中，在我们能从中受益些什么的同时，也应当思考我们能够付出什么。

这也是命运共同体的一个体现，同时也表现了我们附中学子的社会责任感。

如：

①为川大输送优秀毕业生，加速川大发展。

②川大也可以了解现在优秀学生他们的发展需求 ,以便于让他们的政策制订更加“接地气”。

③附中学子也能够为川大的一些课程设定提供及时而有效的反馈，也比如去年川大拍摄招生视频，附中学子也在其中进行了深度参与。

（3）采访附中生物老师杨琼。

采访者：张又文、艾贺国、宿顺熙

问题 1：您如何看待附中和川大的关系？

回答：我觉得，作为大学附中还有作为具有附中的大学，应该说二者要加强联系，主要是相互促进、共赢的一个关系，比如说近几年有川大的教授到我们附中给学生做竞赛培训，以及相关的讲座，甚至招生咨询，都得到了学生的一致好评，那么我们的博士班很多时候还能够进入川大实验室进行参观和做相应的实验，这个交流应该说发展得很好，希望继续保持。另外，我们已经有相关的一些课程实施，开始借用川大的相关平台。同时我们作为川大的附属中学，可以根据川大的人才需求努力培养输送相关的优质生源。

问题 2：您可以介绍一下目前生物学科得到了川大哪些方面的支持吗？

回答：现在主要是我们借助了川大的相关资源，首先是借助他们优良的实验设备，像我们中学不具备的一些比较先进的高压灭菌锅，比较智能的那种，还有数字显微镜，另外，超净工作台等，为了能够更好地使用相关的仪器设备，学习相应的技术，我们还申请了川大的数字实验室，仿真实验那个学习平台，通过创建账号以后，我们的师生可以随时享用平台上的相关资源进行学习。除此之外，借助川大实验室帮我们采购所需的一些临时的、我们又难以及时采购的器材和药品，比如大批量的培养皿、微生物滤膜、抑菌药品及培养基原材料等。在这个过程中感受最深的是川大对实验的临时采购服务响应非常及时到位。实验室负责老师能够在第一时间联系相应的采购商进行及时的采购，而这个是我们中学难以达到的，我们很多时候都要求提前一学期甚至一年申报，对很多临时性的实验开展造成了很大的阻碍。在资源的配备和器材药品的采购上面，我们的相应运行机制还是有待改进，同时我们也可以向川大学习构建一些资源学习平台，比如说我们平时做实验的过程中，比较好的一些实验改进以及比较好的一些实验成果都可以把它收集成册，建构相应的网络学习平台，或者说网络资源库。

问题 3:请问您对我们大学附中联盟建设有什么建议？

回答：对于联盟的建议，我觉得还是应该从长远来看，站在一个共赢的基础上去构建，除了我们需要借助或者说是利用川大的一些优质资源外，我们也可以跟川大进行相关的联系，看一看我们中学能否为川大的发展提供相应的一些平台和资源。在对川大资源利用的过程中，我们主要应该利用川大的现有学习资源和他们现有的一些研究成果资源，请川大帮助我们构建一些中学的实践基地，因为学生在平时的上课时间是难以随时进出的，完全在川大开展相关的实验是不太现实的，我们需要有自己的一些比较适合学生发展的基地，场地布置和资源采购都可以请川大相关部门提供建议及建设渠道。

（4）采访川大招生办副处长廖爱民。

采访者：王翔、梁文豪、何卓恒、卢厚辰

问题 1：请问您如何评价四川大学附属中学与四川大学的关系？两者能在哪些方面开展合作？

回答：我认为有两种关系。第一，血缘关系。从名字就可以看出两者都含有“四川大学”，并且早在民国时期，第十二中学就附属于四川大学。第二，合作关系。四川大学能在一定程度上对四川大学附属中学给予教学上的支持。因为四川大学在基础学科上有较强实力，可以给你们提供帮助。我们的目标是将四川大学附属中学打造成四川省第一的高中！

问题 2：在三周前，我校组织了劳动课程，部分学生参观了四川大学江安校区，在这期间参观了空天学院、图书馆、匹兹堡学院。请问您对此有何看法？

回答：这是很好的。但因为时间紧迫，只不过是走马观花，看到的只不过是冰山一角。江安校区图书馆造型很漂亮，外形像火炬，寓意生生不息。在图书馆内，藏书和藏品也很丰富，环境舒适，体现了四川大学“以人为本，以生为本，以本为本”的理念。你们进入图书馆，应该也能感受到浓厚的书香气氛。我曾经去过哈佛大学、清华大学等世界著名高校，参观过他们的图书馆，我认为都不如四川大学江安校区的图书馆。江安校区内还有商业街。所有店铺都是学生开的，他们在进行着自主创业，非常有特色。这些创业的年轻人是很有潜力的。这些店铺一开始规模很小，员工一般只有一两个人，但也可能走出校园，成为成功的企业。你们这些年轻人也是一样的，不要听有些人说你们是毛头小子，具有非常强大的潜力。说不定你们之中的某些人，能成为像李校长那样的大家，也有可能成为中国的乔布斯，或者下一个马云。

（5）采访川大化学学院教授李立新。

采访者：蒋梦玲、任梦菡、辜昱昊

问题 1：请问您对川大附中了解吗？

回答：主要是跟附中的老师接触得要多一些，对附中了解得比较浅。

问题 2：如何评价四川大学附属中学与四川大学的关系？

回答：以前叫“成都第十二中学”的时候跟川大联系不是特别紧密，但是改名“四川大学附属中学”后，双方的交流有所增加。特别是近几年由于高校招生，川大的一些老师和附中的一些学生有了一些交流。但我觉得川大与附中的联系与交流应更加紧密一点。川大附中也是川大培养优质生资源的一个基地，我觉得以后应加强双方的紧密交流。

问题 3：我们应从哪些方面入手，加强两校互动交流？

回答：一个是从你们的角度出发，明确附中的学生对大学有哪些需求，比如讲座、竞赛等。还有一个就是大学这边需要中学的哪些帮助。双方可以进行互相对接。举个例子，比如我们搞化学，大学就可以给附中学子提供一些竞赛的指导，或者是一些在中学里做不了的实验，可以来川大做，等等。

问题 4：我们应如何建设大学·附中联盟？

回答：首先应从学校层面建立一个合作交流的平台，然后再具体落实到学院。比如建立一些数理化工医等比较成熟的合作交流平台。平台搭好，我们就可以根据学生的需求进行细节的指导和实施。还比如一些文化交流，我们可以请一些名师到附中来开讲座、做交流等，这都是交流合作的方式。

（6）采访川大数学学院教授彭国华。

采访者：李诗尧、吴颜瑞、邹正卿、邓怡珊

问题 1：您如何看待川大和附中的关系？

回答：从川大附中到十二中再回到川大附中，从历史发展来看，是有着很深联系的。首先，川大和附中都是搞教学的，大学不会特别隔离中学，学习是一体的。中学生最终要步入大学，中学是大学的一个后备。另外，大学也应该走进中学，我们要从中学招生，希望能够吸收一些优秀的生源，我们也需要了解中学生。因此，双方都应多多沟通交流。

问题 2：您对我们大学附中联盟建设有哪些建议呢？

回答：我建议双方学校要多进行交流沟通。我们学校最终都是要落实到教学和学生的培养上。因此，首先我觉得可以让附中的任课老师和川大的老师多进行交流沟通。不止数学，还可以有更多学科，多沟通，多交流，可以提高老师的学科素养，通过课堂展示出来，这是一个很好的方式。其次，从你们学生角度。比如通过参观川大校园，参观实验室，了解未来的大学是什么样子；与大学生交流，与相应的教授交流，还可以帮助自己明确兴趣所在和未来的发展方向，是在数学方面，还是在计算机方面或者工程方面，这样目标清晰明确对目前的学习也更有帮助。另外还可以通过聆听讲座等知识传递方式，使学习更加高效，使个人成长更加顺利。

问题 3：您认为川大可以给附中学生提供哪些帮助呢？

回答：川大具有一些很好的资源，比如：自主招生的强基计划，附中学生如果有很好的专长，就可以利用这种计划进入川大。即使不喜欢川大，和川大的交流也可以给学生更多选择。还可以参加英才计划、学科竞赛等在符合规定的前提下得到高考的一些自主权。川大也有很好的师资资源，以数学为例，数学学科竞赛，川大帮助带学生培养。其他学科老师们也可以开设讲座来拓展中学生的思维，开阔学生的视野。

问题 4：对于川大老师开设讲座，您有什么建议呢？

回答：对于学生来说，题是做不完的，知识也是学不完的，可以听些讲座，拓展自己的思维和视野，这个很重要。讲座不限于数学，可以是全系学科，一周一次或者两周一次。这周物理下周数学，下下周文学。学生也可以提出自己的要求，让川大老师去准备，如果学生没有要求，老师们就会讲些接地气的、适合中学生听的报告。

➢ 采访分析

（1）历史渊源。

正如川大廖处长所说，川大与附中血脉共通，有着极深的血缘关系。川大附中自1908 年建立之初就一直和川大相邻相伴，建校之初，附中的名字就是四川省城高等学堂（四川大学前身）附设中学堂。到了 1953 年，成都市教育局将附中收编改名为“四川省成都市第十二中学”。但在两校强烈的意愿下，几经波折，终于在 2003 年加挂了“四川大学附属中学”校牌，此后就一直是两校名共同使用。

（2）现状共识。

在采访中，如川大彭教授所言，大学和附中都是学校，学校的主要任务也都会落实到学生培养上。双方老师之间可以互通有无，加强教学联系。在相通学科上，附中老师可以向上延伸，川大老师可以向下扎根，以期更好地培养附中学生，同时也是为川大储备更优质的生源。同时李立新教授也认可了附中是川大培养优质生源的一个基地，认为两校的联系与交流应更加紧密，以后应加强双方的交流。不论从廖处长，还是两位教授的采访中，我们不难发现，他们对附中的支持和认可，都积极表示可以帮助附中发展：提供师资、提供场地、提供设备。他们的支持认可也为我们大学附中联盟建设提供了强有力的后盾。

我们附中的生物组杨琼老师也表示附中生物学科已经在利用川大的实验室和各种平台资源开展生物实验，体验到了大学丰富的实验设备的便利。她建议附中可以在川大的帮助下建立自己的实验基地。她的建议可以拓展到其他学科。苏梅校长也认为：“附中现在和川大在很多方面是有非常深度的合作的，但是现在这种联系还不够紧密。我们应拓宽合作面，让所有的附中学子都可以享受到川大的优质资源。”这正是我们课题的关键所在。同时张谦校助也提及我们的大学 · 附中联盟建设实践与探索，意义重大，可以“荫庇后来者”，让附中学生都能受益。

通过采访我们了解到，双方的领导、老师都极力支持建立大学 · 附中联盟的想法与实践。

从川大的角度来讲，这不仅给川大一个机会近距离了解当代高中生，更是给川大提供了一个良好的优质生源的基地。川大也可以了解现在优秀学生他们的发展所需，以便于让他们的政策制定更加“接地气”。附中学子也能够为川大的一些课程设定提供及时而有效的反馈。

从附中的角度来讲，大学 · 附中联盟的建立让两校联系更紧密，交流更便利，让每一次来往都变得更加精准与高效。同样能够加强我们与川大间的联系，增进两校间的友谊。这给附中搭建了一个近距离了解大学的平台，附中学子可以在其中提升自己的能力，同时也使得学生对自己的人生规划更加清晰。川大也是优质的教育教学资源库，正如廖处长所说：“四川大学能在一定程度上对四川大学附属中学给予教学上的支持。”

从两校领导的角度来看，两校有悠久的历史渊源，现如今也应携手共进，合作共赢，加强两校交流与联系，建立大学·附中联盟。

2. 调查问卷

本次问卷共收回学生卷 803 份，家长 591 份。

（1）学生卷。

➢ 问卷设计及统计

①你的年级是：

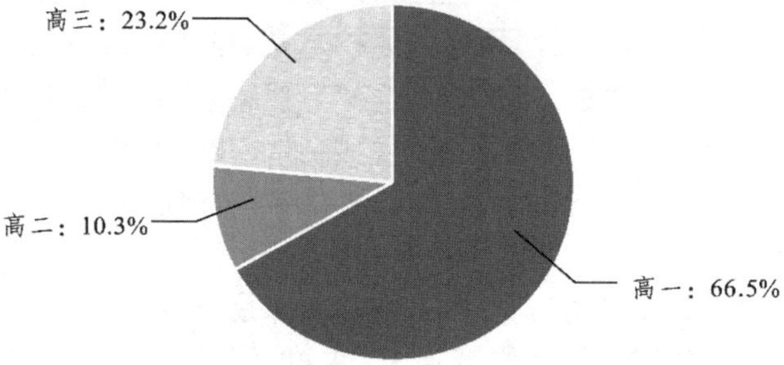

图中数据显示，接受问卷调查的多为高一学生，占 66.5%。高二学生较少，占 10.3%。高三学生占 23.2%

②你平时会主动关注四川大学的信息吗？

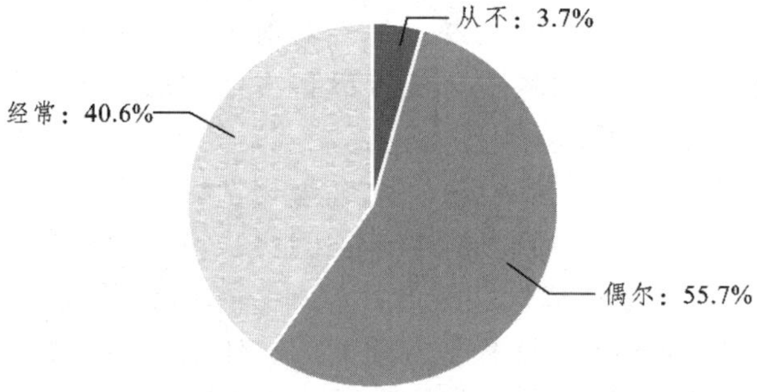

由图中数据可知，55.7%的学生偶尔关注川大的信息，40.6%的学生经常关注，而 3.7%的学生从不关注川大的信息。数据表明，我校学生普遍关注四川大学信息，但大部分只是偶尔了解，了解不深。

③你对四川大学信息了解的途径是什么？

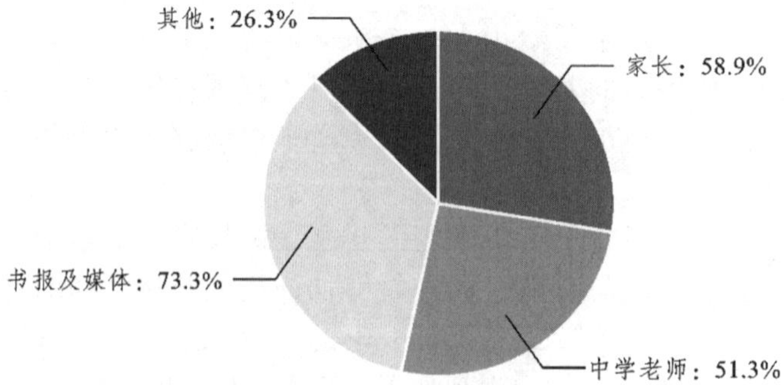

图中数据显示，学生了解川大有三种大途径：a.通过书报及媒体，占73.3%；b.通过家长，占 58.9%；c.通过中学老师，占 51.3%；d.通过其他方式，占 26.3%。

该图显示我校学生大多通过书报及媒体了解川大信息，从家长及老师处了解信息的人也不在少数。大家对川大都很关注，了解途径多但了解程度较浅。

④你对四川大学的关注点是什么？

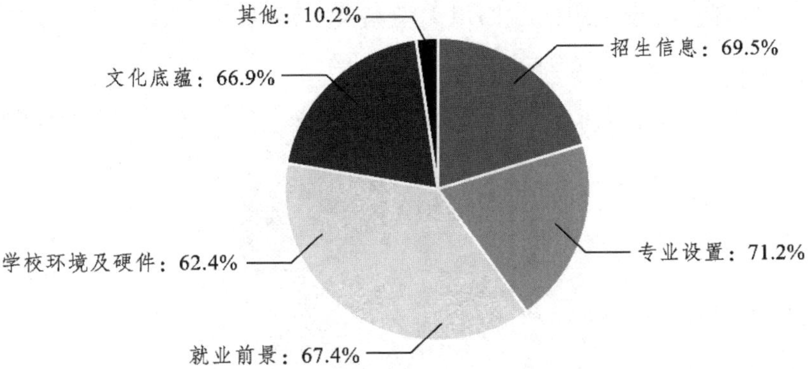

图中数据显示，学生对四川大学的关注点有以下几个方面，占比由高到低排序是：a.专业设置（71.2%）；b.招生信息（69.5%）；c.就业前景（67.4%）；d.文化底蕴（66.9%）e.学校环境及硬件（62.4%）；f.其他（10.2%）。该图表明附中学生关注川大更注重专业方面的选择，以及对招生信息的了解。

⑤你是否愿意报考四川大学？

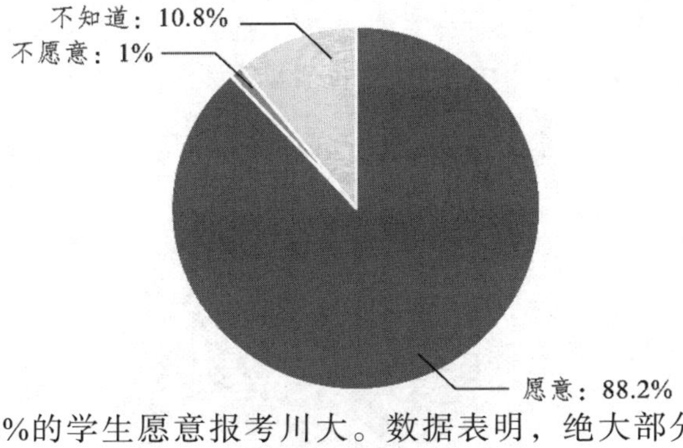

由图可知，88.2%的学生愿意报考川大。数据表明，绝大部分学生希望进入川大求学。

⑥你认为目前四川大学与附中的关系：

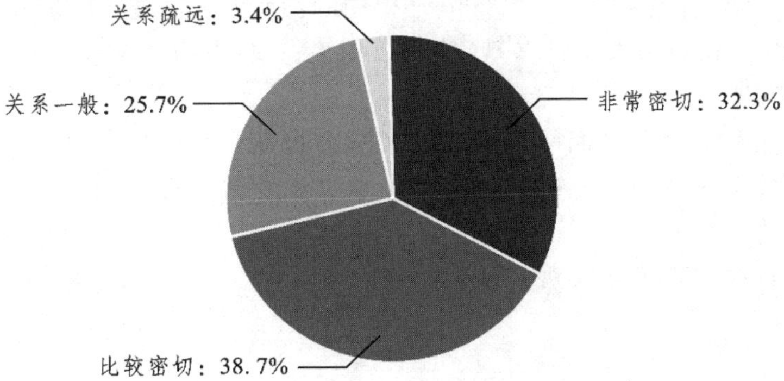

图中的数据表明，38.7%的学生认为川大与附中联系比较密切，32.3%的学生认为这种联系非常密切，25.7%的学生认为两校关系一般，而 3.4%的学生认为两校关系疏远。

数据表明，附中大部分学生认为四川大学与附中之间关系比较密切，我们还需进一步加强这种联系。

⑦你参与过哪些我校组织的与四川大学相关的活动？

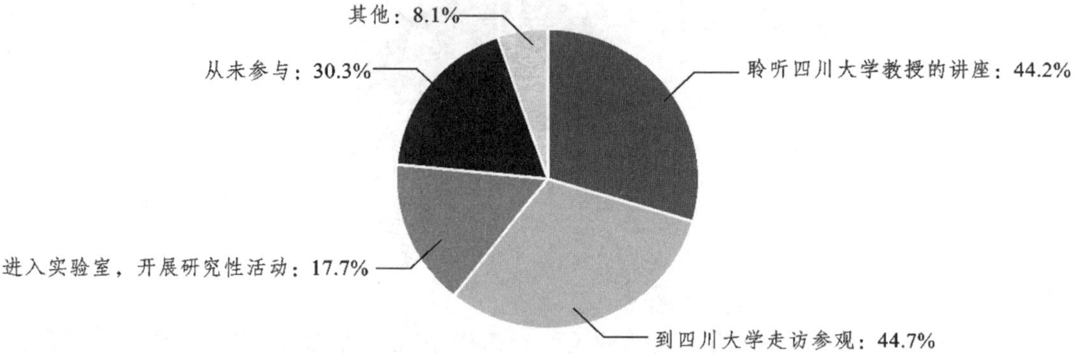

图中数据显示，学生参加过的与川大相关的活动有以下几个方面，以占比由高到低分别是：a.到川大走访参观（44.7%）；b.聆听川大教授的讲座（44.2%）；c.从未参与（30.3%）；d.进入实验室，开展研究性活动（17.7%）；e.其他（8.1%）。

该图表明附中学生与四川大学联系较紧密，但仍有 30%左右的学生从未参与四川大学组织的活动。

⑧你希望学校组织的与四川大学相关的活动有：

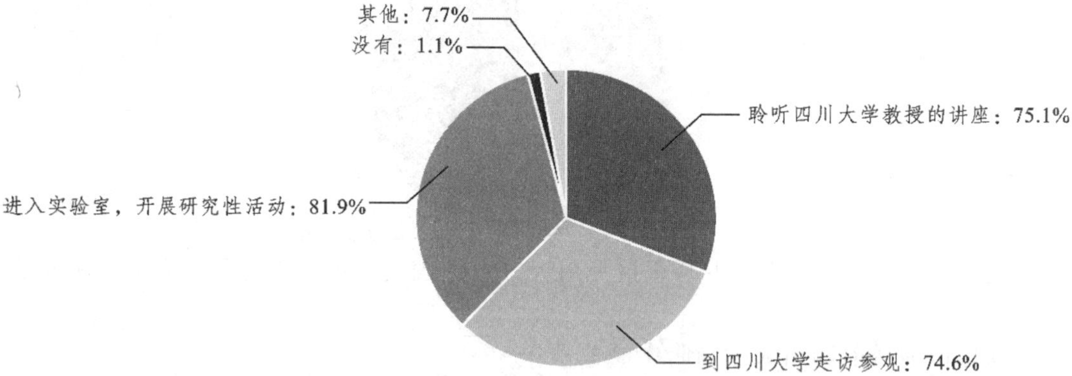

该图显示，学生希望学校组织与川大相关的活动有：a.进入实验室，开展研究性活动，占比 81.9%；b.到川大走访参观，占比 74.6%；c.聆听川大教授讲座，占比 75.1%；d.其他，占比 7.7%。

数据表明，附中学生更期待进入四川大学实验室，进行学术研究，同样也非常期待能聆听四川大学教授的讲座以及到四川大学参观。学生都希望进入四川大学参加更丰富多彩的活动。

⑨你最想前往四川大学参观的地方是：

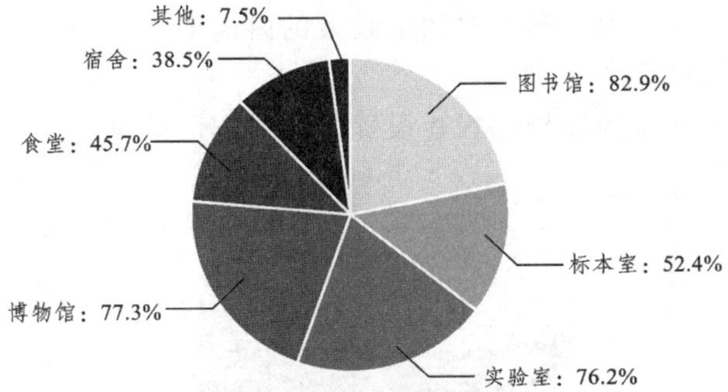

该图显示，学生最想前往四川大学参观的地方以占比由高到低排列是：a.图书馆（82.9%）；b.博物馆（77.3%）；c.实验室（76.2%）；d.标本室（52.4%）；e.食堂（45.7%）；f.宿舍（38.5%）；g.其他（7.5%）。

数据表明，附中学生对图书馆，实验室及博物馆更感兴趣，希望参观四川大学更全面、丰富的图书资源，先进精密的仪器设施，以及悠久深厚的文化历史底蕴。

⑩你最希望四川大学教授为附中开设的讲座类型是：

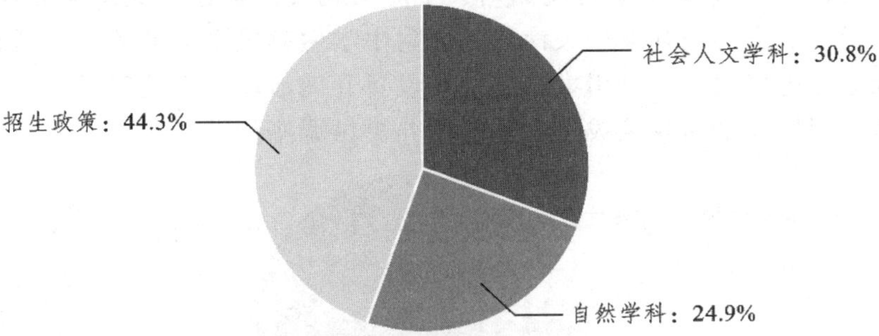

⑪你第二希望四川大学教授为我校开设的讲座类型是：

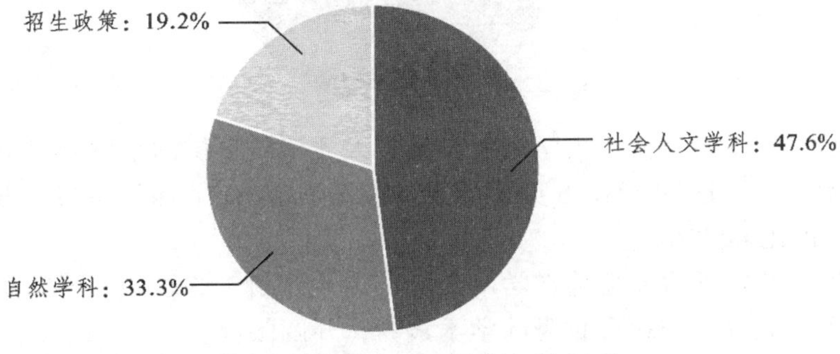

⑫你第三希望四川大学教授为我校开设的讲座类型是：

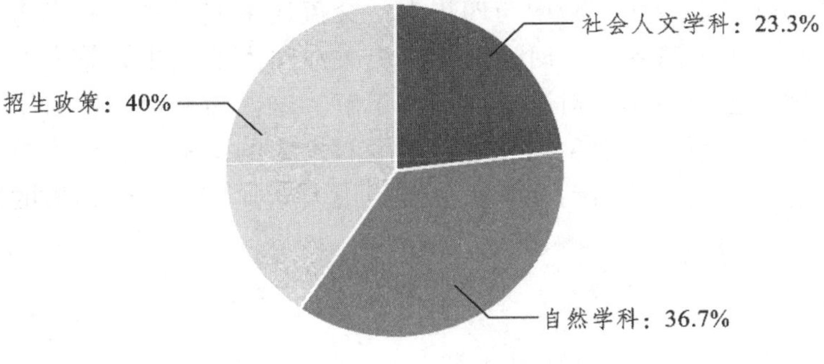

由问卷⑩⑪⑫可知，附中学生对招生政策的讲座最感兴趣，其次是社会人文科学类讲座，再次是自然科学类讲座。

⑬你希望四川大学能为我校课程建设提供哪些方面的帮助？

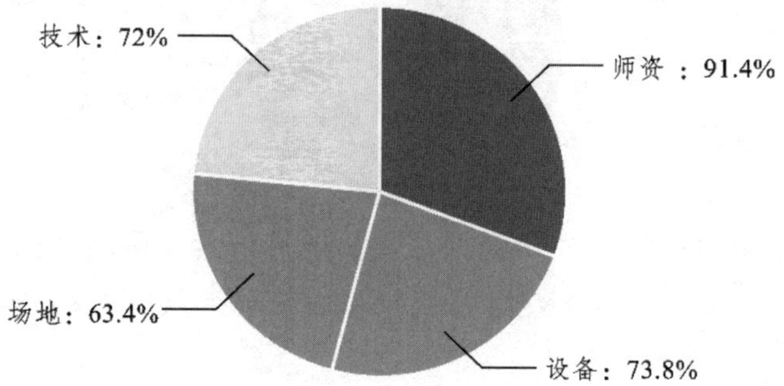

由图可知，学生希望从川大得到的帮助有以下四个方面：a.师资，占比 91.4%；b.设备，占比 73.8%；c.技术，占比 72%；d.场地，占比 63.4%。

数据表明，超 90%的学生希望四川大学能为我校课程建设提供师资方面的帮助，希望川大的老师走进附中开设相关课程，与附中学生有更多交流活动。同时，附中学生也希望能够走进川大，借助川大的场地和设备开展活动、实验等。

⑭你希望四川大学为我校拔尖人才的培养提供哪些帮助？

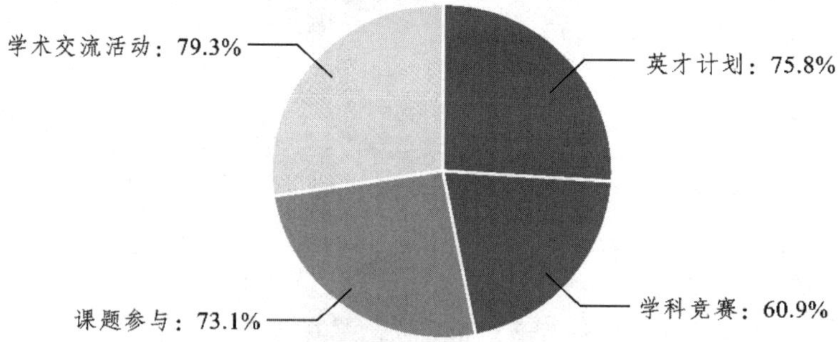

该图显示，学生希望四川大学为我校拔尖人才培养提供的帮助有以下几个方面：a.学术交流活动，占比 79.3%；b.英才计划，占比 75.8%；c.课程参与，占比 73.1%；d.学科竞赛，占比 60.9%。

数据表明，我校学生希望能在学术交流、英才计划、课程参与等方面得到帮助，也表明学生关注此次合作提升自身的学术素养，开阔眼界。

➢ 问卷分析结果

学生问卷调查结果表明，附中与四川大学交流还不够紧密。我们需要通过此次合作，加强附中与川大的联系。同时通过学生更关注川大的招生政策、专业设置、就业前景及学校设施，也看出学生对这方面不够了解。这次活动可以针对学生的需求来确定合作的具体方向。而针对学生的需求，学生对川大的图书馆、博物馆、实验室感兴趣，希望能开展与此相关的活动。学生也希望川大老师开展升学招生的讲座，得到更多的升学指导。

（2）家长卷。

➢ 问卷设计及统计

①您的身份是:

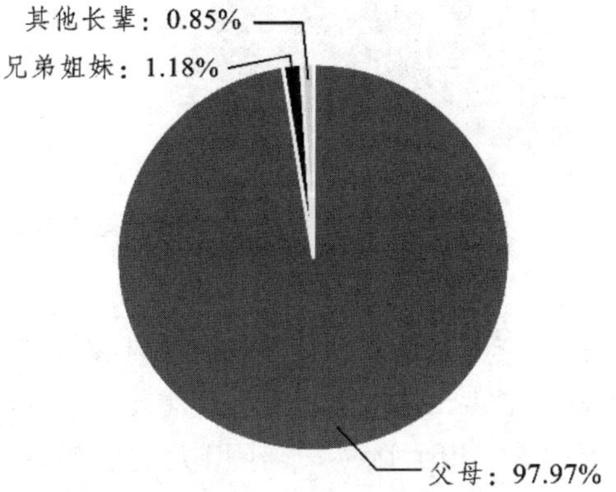

该图数据显示：接受问卷调查人员主要是父母，占97.97%，说明多数家长都很重视此次合作，并积极配合工作。

②您知道四川省成都市第十二中学和四川大学附属中学是同一所学校吗？

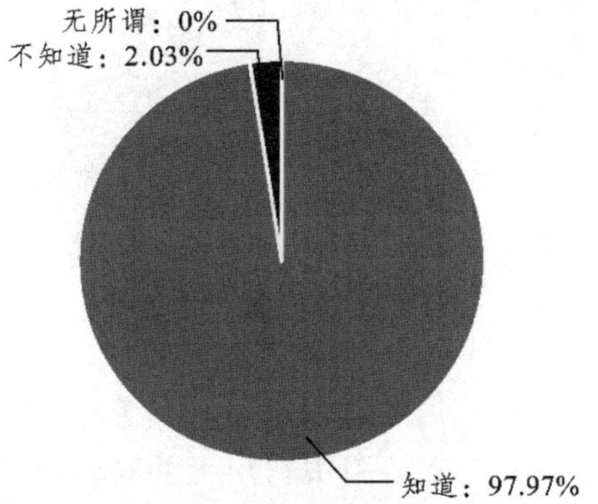

该图数据显示：97.97%的家长知道四川省成都市第十二中学和四川大学附属中学是同一所学校，2.03%的家长不知道四川省成都市第十二中学和四川大学附属中学是同一所学校。

③以下校名您更喜欢哪个:

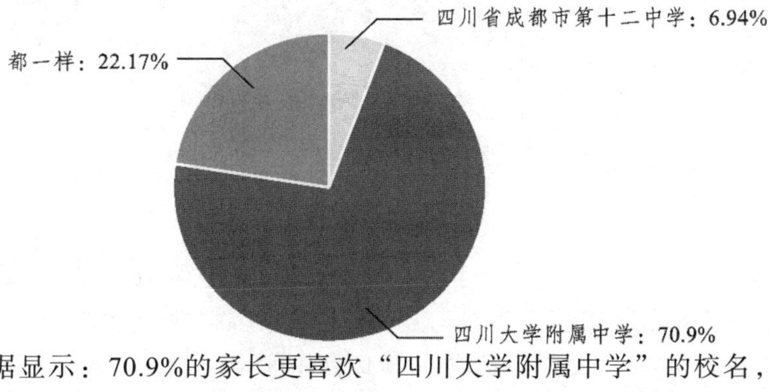

该图数据显示：70.9%的家长更喜欢“四川大学附属中学”的校名，也显示家长希望附中与四川大学关系更加紧密。

④您认为四川大学附属中学给您的第一感受是:

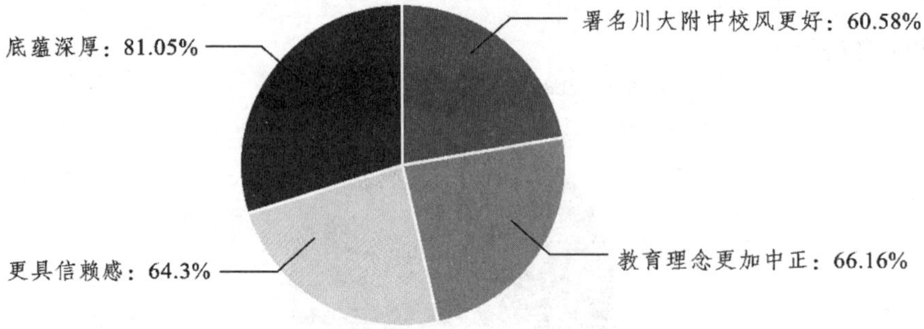

图中数据显示：家长认为附中署名四川大学附属中学的理由：a.底蕴深厚占81.05% ；b.教育理念更加中正占 66.16%；c.更具信赖感占 66.16% ；d.署名川大附中校风更好占 60.58%。我校署名“川大附中”，让川大的底蕴注入附中，更让家长信赖。

⑤您认为大学和附属中学联盟建设的必要性:

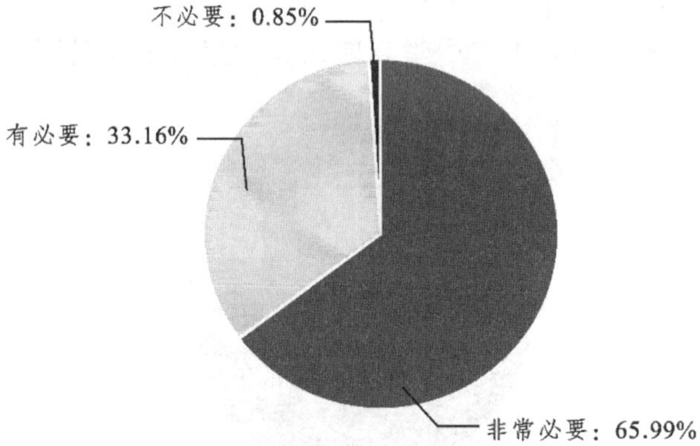

该图显示 99.15%的家长十分支持附中与川大的联盟建设。

⑥四川大学和四川大学附属中学联盟建设，您关心的是:

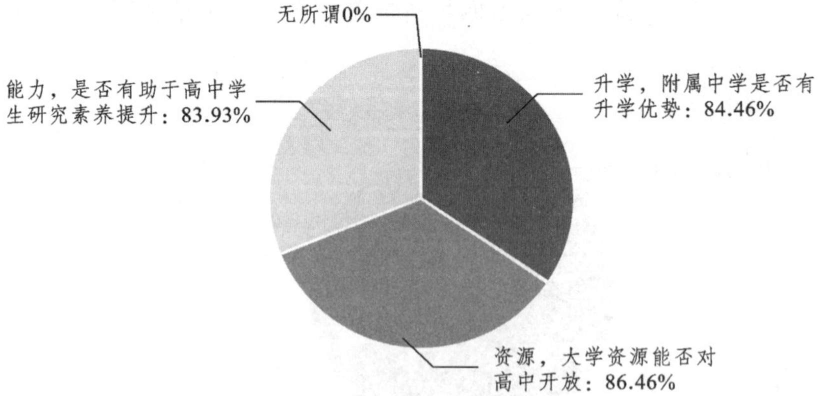

该图显示家长对于联盟建设关心的是：a.附中是否有升学优势与大学资源能否对高中开放同样占 86.46%；b.这次活动能否帮助高中学生研究素养提升占 83.93%。家长都关心这次合作能否在升学招生、培养学生研究能力、利用大学资源上给予学生帮助，为学生搭建一个好的平台。

⑦您希望四川大学对附中开放哪些资源:

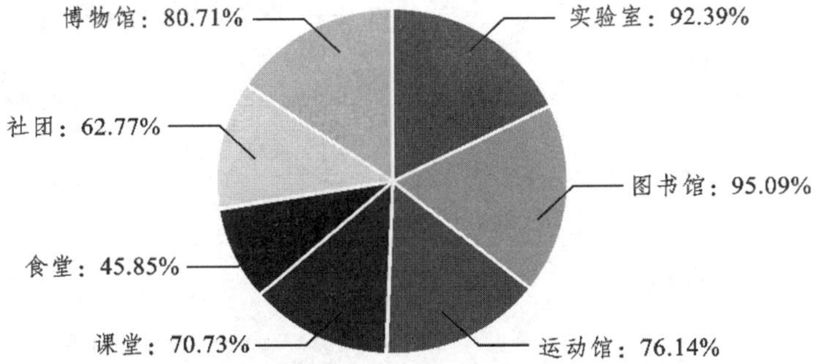

该图显示家长希望川大开放的资源：a.图书馆占 95.09%；b.实验室占 92.39%；c.博物馆占 80.71%；d.运动馆占 76.14%；e.课堂占 70.73%；f.社团占 62.77%；g.食堂占 45.85%。超过 90%的家长倾向于四川大学的图书馆、博物馆、实验室，与学生的需求一致，都希望能参观这些“重量级”设施。

⑧如果四川大学和四川大学附属中学建立联盟，您希望四川大学到附中交流的人员有:

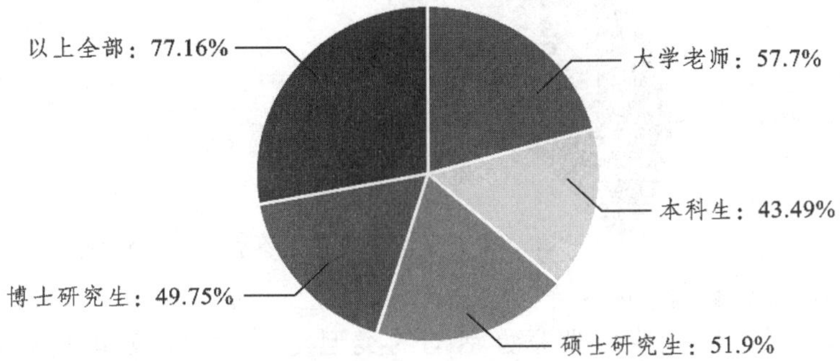

该图显示家长希望川大到附中交流的人员有：a.大学老师占 57.7%；b.硕士研究生占 51.95%；c.博士研究生占 49.75%；d.77.16%的家长选择了以上全部。希望川大各层次的人才都能走进附中，进行交流。

⑨如果四川大学老师到附中开设讲座或课程，您希望是:

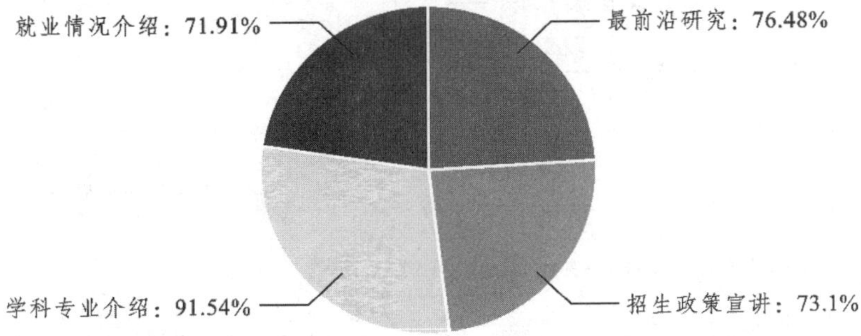

该图显示家长希望川大开设的讲座或课程类型是：a.学科专业介绍占 91.54%；b.最前沿研究占 76.48%；c.招生政策宣讲占 73.1%；d.就业情况介绍占 71.91%。其中，家长对学科专业介绍更为看重。

⑩如果四川大学学生到附中开设讲座或课程，您希望是:

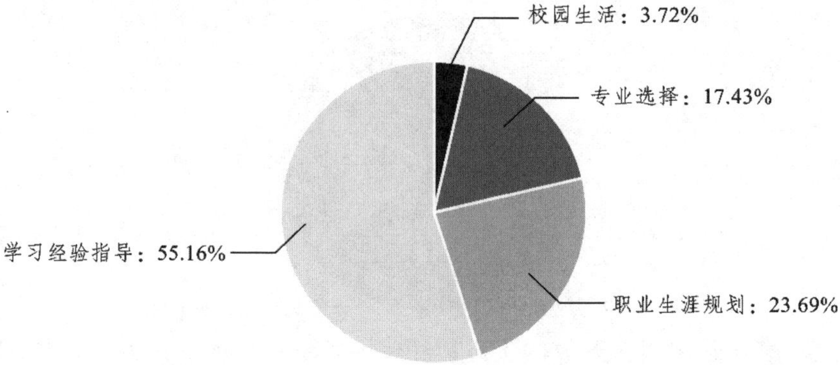

该图显示家长希望川大学生开设讲座或课程的类型是：a.学习经验指导占55.16%；b.生涯规划占23.69%；c.选择占17.43%；d.生活占3.72%。超过一半的家长希望四川大学学生能为附中学子进行学习经验指导，为学生多提供好的学习方法与经验。

⑪如果四川大学和四川大学附属中学建立联盟，您希望定期举办的活动有:

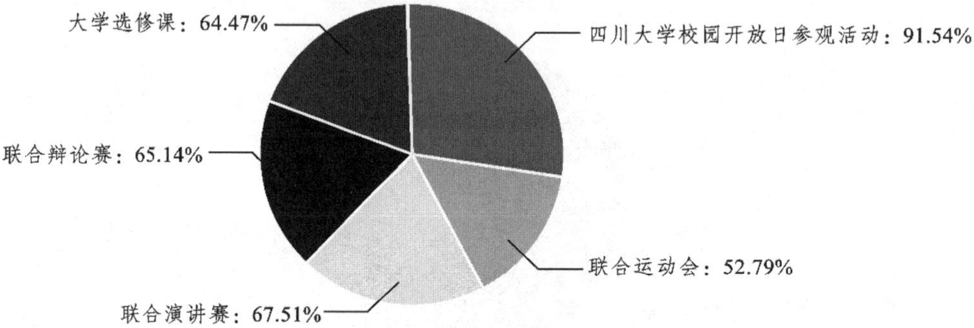

该图显示家长希望川大定期举办活动的类型是：a.大学校园开放日参观活动占91.54%;b.演讲赛占67.51%;c.辩论赛占65.14%;d.选修课占64.47%;e.运动会占52.79%。家长期待附中与川大举办丰富多彩、形式多样的活动，其中最希望能进入四川大学参观。

⑫如果四川大学和四川大学附属中学建立联盟，您希望开办的大学选修课有:

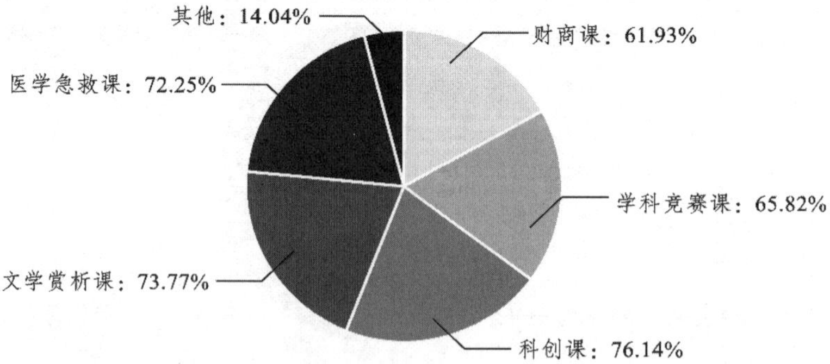

该图显示家长希望开办的大学选修课有：a.课占76.14%；b.赏析课占73.77%；c.急救课占72.25%；d.竞赛课占65.82%；e.课占61.93%。其中家长最希望开展科创课，培养附中学生的科研能力。

⑬您希望四川大学和附中联盟建设可以起到的作用有:

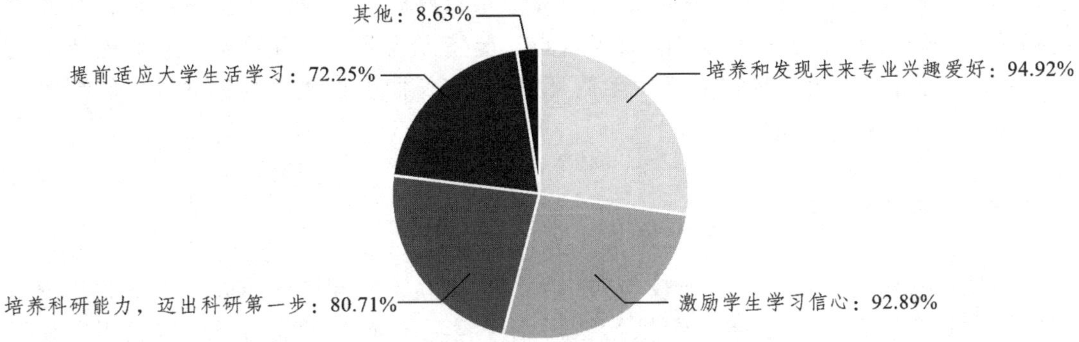

该图显示家长希望联盟合作起到的作用有:a 和发现未来专业兴趣爱好占 94.92%; b.学生学习信心占 92.89%; c.科研能力，迈出科研第一步占 80.71%; d.适应大学生活学习占 72.25%。表明了家长更倾向于通过这次活动，给学生提前铺起通往大学的路，更明智理性地选择适合的专业。

⑭如果四川大学和四川大学附属中学建立联盟，您是否希望大学参与高中学生评价:

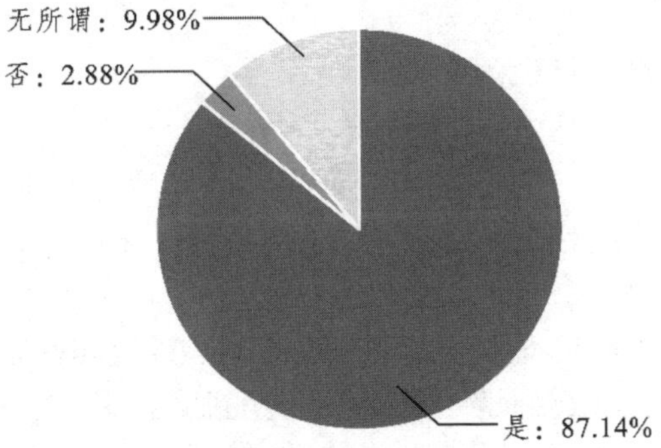

该图显示 87.14%的家长都认可大学参与高中生评价。

⑮您希望四川大学参与高中学生评价的作用是:

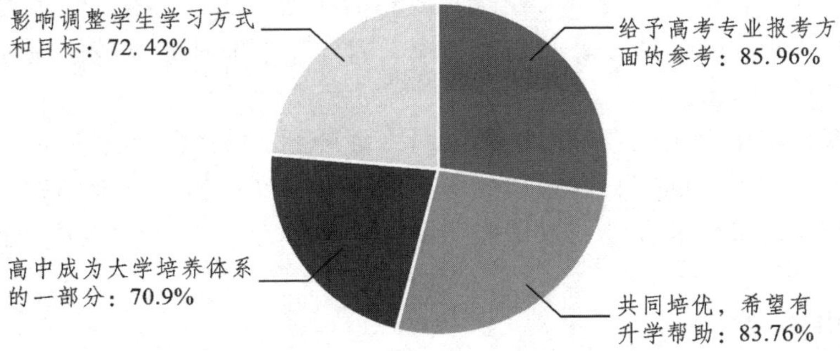

该图显示家长希望川大参与附中学生评价起到的作用是：a.高考专业报考方面的参考占 85.96%；b.培优，希望有升学帮助占 83.76%；c.调整学生学习方法和目标占 72.42%；d.成为大学培养体系的一部分占 70.9%。大部分家长都希望通过四川大学给予的帮助，为学生提供高考专业报考方面的参考。表明家长对专业报考及升学指导方面更为关注，希望能得到指导性建议。

➢ 问卷分析结果

大部分家长对于建设大学·附中联盟表示很有必要，且对联盟建成后是否有升学优势及是否开放川大的图书馆和国家级重点实验室尤为关心，并且希望联盟能让川大和附中加深合作,如川大参与对高中生的评价,而家长们也自愿提供各种形式的帮助,以此达到互帮互助的目的。

六、调查结论

在校地共建的大背景下，我校与四川大学达成共识，开展优质大学附中的建设。本次综合实践活动课程在两校领导、老师，附中学生、家长的支持下，以及川大和附中已有的合作基础上，进行了大学·附中联盟建设的深入实践与探索。

通过这次课程的调查研究，我们发现：

➢ 对川大的高度认可

通过问卷,我们了解到88.2%的学生都愿意报考四川大学,70.9%的家长都认可“四川大学附属中学”的校名，81.05%的家长都认为川大底蕴深厚。这说明学生与家长对川大的向往与认可。

➢ 大学·附中联盟建设的必要性

3.7%的学生不了解川大，而30.3%的学生未参与过川大的合作，并且99.15%的家长都认为有必要建立大学·附中联盟。所以也看出大学·附中联盟建设的必要性。这门课将作为与川大合作的纽带，让更多的学生了解川大，走进川大。

➢ 希望参观的地方

80%以上的学生与家长都希望能进川大的图书馆参观，而77%以上的学生与家长希望进入博物馆，75%以上的学生与家长希望进入实验室。通过调查，明确了学生与家长的需求——希望能进入川大的图书馆、博物馆、实验室等参观学习。

➢ 希望开展的活动

91.54%的家长希望能开展川大校园开放日的活动，而81.9%的学生希望能开展利用川大实验室做研究的活动，表明学生与家长对实验研究和参观校园更为注重。

➢ 希望开设的课程

91.54%家长希望由川大老师来进行学科专业介绍，76.14%的家长希望开设科创研究方面的课程；55.16%的家长希望川大学生开设学习经验指导方面的讲座，而44.3%的学生希望开设招生政策宣讲。数据表明家长对学科专业介绍更关注，而学生更关注招生政策。

➢ 作用与评价

调查显示，79.3%的学生希望川大老师在学术交流上给予指导；超80%的家长希望附中学生能在科研能力和高考指导上得到帮助。我们希望这门课程能让川大和附中联系更深，让川大参与附中学生评价，成为附中学生综合素质评价的组成部分。帮助学生迈出科研第一步,提升科研素养,使我们附中能成为四川大学培养体系的一部分。

七、反思与改进

通过参与大学·附中联盟建设课程，我们收获了很多，同样也发现了自身的不足。从采访上看，我们准备不足，采访样本不够丰富，并且不能克服心理障碍，尤其是在采访路人的时候，我们迟迟不敢行动。我们应提前做好各项准备。在问卷结果分析时，我们发现问卷间设置的问题联系不够紧密，学生问卷与家长问卷应设置更多类似问题，好进行对比，更便于结果分析。这主要是因为小组内成员分工不够明确，小组间沟通不充分，造成了融合的难度。我们建议下次课程开始之初，先确立沟通小组，负责协调、推进流程，使成员高效地完成各项任务。

走进川大附中秋季田径运动会

“走进川大附中秋季田径运动会”课程开发规划纲要

课程首席教师：周智

课程参与教师：刘世刚　阚庶（体艺卫生处）

<table>
<tr><td>课程名称</td><td colspan="8">走进川大附中秋季田径运动会</td></tr>
<tr><td>课程类型
（勾选）</td><td></td><td>必修的综合实践活动课程</td><td></td><td>必修的劳动课程</td><td></td><td>选修的学科课程</td><td>√</td><td>选修的校本课程</td></tr>
<tr><td>实施对象</td><td colspan="3">高一、高二、高三</td><td colspan="2">建议选课学生人数</td><td colspan="3">高一、二年级全体学生</td></tr>
<tr><td>课程课时及上课时段</td><td colspan="8">2021 年 10 月 27—29 日</td></tr>
<tr><td>课程背景</td><td colspan="8">政策背景
学校积极响应并贯彻落实中共中央办公厅、国务院办公厅、教育部办公厅印发的《关于全面加强和改进新时代学校体育工作的意见》《关于深化体教融合促进青少年健康发展的意见》《〈体育与健康〉教学改革指导纲要（试行）》文件精神，以立德树人为根本，以社会主义核心价值观为引领，以服务学生全面发展、增强综合素质为目标，坚持健康第一的教育理念，推动青少年文化学习和体育锻炼协调发展，把握“教会”“勤练”“常赛”的内涵与要求，更好地帮助学生在体育锻炼中享受乐趣、增强体质、健全人格、锤炼意志，培养德智体美劳全面发展的社会主义建设者和接班人。
我校是一所“培养—研究性”大学附中，多年的研究文化浸润在学校工作的方方面面。基于“全育　双责”核心理念，学校积极进行育人方式变革，担当“双新”示范职责。2021 年学校以“百年附中活力无限　‘双新’示范健康先行”为主题开展秋季田径运动会，并将运动会转化为综合实践活动课程，以课程引导学生融入运动会工作，在研究实践实施课程中，学生通过深度的参与体验，探讨提升运动会价值的措施，培养学生的运动技能、健康行为和体育品德，实现学生身心在体育课程和活动中的协调发展，实现“身心合一”的学校体育工作特点，实现以体育智、以体育心的独特功能。
学生背景
学校的运动会是积极响应并落实《<体育与健康>教学改革指导纲要（试行）》精神中“勤练”“常赛”要求，是学校体育工作、体育课程、学生德智体美劳全面发展的实践路径之一。高中生经过多年的运动锻炼，身体素质和心理品质都较为成熟，运动会是学生最受关注和喜爱的校园活动之一，学生参与积极性高，参与面广，各班学生通过参与运动会的规划、排练、竞技比赛等多种活动，既增强体育锻炼意识，又展示班级的精神风貌。在参与运动中，学生通过自己和集体的动脑出力、顽强拼搏为个人和班级带来荣誉，在参与过程中享受乐趣、增强体质、健全人格、锤炼意志。此外，学校作为“培养-研究性”大学附中，研究氛围浓厚，学生长期受学校研究文化的熏陶，对研究问题有热情，能以研究的眼光看待运动会，这就为运动会转化的综合实践活动课程提供了基础的保障</td></tr>
</table>

<table>
<tr><td>课程背景</td><td colspan="6">资源背景（含技术融合）
1.文化资源：我校连续12次被评为全国体育工作方面的先进集体，是四川省教育厅首批“四川省阳光体育示范学校”、全国体育传统项目学校、全国青少年体育俱乐部，多年来，学校体育工作取得的成效为本课程的开发提供了丰富的经验。
2.硬件资源：我校按照省、市、区的规定，配足配齐了体育设施器材，有标准300米田径场，各类运动器材充足，为运动会的开展提供物质保障。
3.人力资源：我校的体育教师团队具有丰富的大赛裁判的经验，有扎实的专业技能，能对参与运动会的学生做进一步的指导。
4.技术支持：借助多媒体设备、奥赛田径运动会管理系统，科学合理组织学生填报运动项目，使该课程的开展更高效与准确，确保运动会公平</td></tr>
<tr><td>课程内容
（核心问题）</td><td colspan="6">营造全员参与的运动会情景，彰显百年附中“双新”示范活力。
问题：
1. 如何规划符合学校特色和贴近学生实际的运动会？
2. 如何训练、参加比赛及相关活动？
3. 探讨彰显学校“双新”示范活力，提升运动会价值的措施？
活动：参与规划、参加比赛及相关活动、探讨提升运动会价值的措施</td></tr>
<tr><td>课程目标</td><td colspan="6">结果性目标
1.全员参与运动会，提升学生运动知识、技能，加强学生对健康行为、体育品德的认识，增强班级凝聚力。
2.在参与运动会的过程中，培养学生的健康意识，养成终身参加体育锻炼的习惯。
体验性目标
1.全员参与运动会筹备、训练、实施与评价活动，体验运动会各环节与学校“双新”示范、研究文化之间的关联；
2.在训练、参与竞技比赛项目及展示班级文化的活动中，体验体育锻炼与团队协作、奋勇拼搏与共享体育快乐的关联</td></tr>
<tr><td rowspan="2">课次计划</td><td>课次</td><td>主题</td><td>研究环节</td><td>学生活动</td><td>课前课后任务</td><td>活动地点及技术融入</td></tr>
<tr><td>1</td><td>运动会筹备</td><td>现场调研
尝试查新
组建团队</td><td>明确运动会召开的意义，调研符合学校特色和贴近学生实际的运动会的环节（如会旗、会徽、会歌设计、点火仪式等）及竞技项目，参与运动会的规划</td><td>收集整理运动会相关资料，初步了解贴近学生运动会的环节及竞技项目，及时调整运动会的规划</td><td>班级教室
运用网络资源搜集相关会旗、会徽、会歌设计的原则与理念。（A2数字教育资源获取与评价）</td></tr>
</table>

续表

	课次	主题	研究环节	学生活动	课前课后任务	活动地点及技术融入
课次计划	2	运动会的训练	现场实操 互动交流 学习调整	在班级内做好宣传动员与报名工作。利用课余或体育课时段做好运动会的训练工作	及时上报各班参赛项目名单；班级学生做好各项训练的合理安排，班主任及体育老师做好协调、督促工作	微机室 学校操场或各班指定地点 运用奥赛田径运动会管理系统，科学合理组织学生填报运动项目（B5 学习小组织与管理）
	3	运动会的实施——开幕式	研究提升 互动交流 合作展示	按照学生对本次课程的筹备与训练，通过班级入场、会徽、会旗、会歌、团体操表演等活动，体验团队协作、奋勇拼搏的精神	引导各班级进入展示区域并按要求进行展示	运动场地 运用广播组织运动会的彩排（B5 学习小组织与管理）
	4	运动会的实施——项目竞技	研究提升 互动交流 合作展示	学生参与竞技项目，体验顽强拼搏、奋勇争先的体育精神和品德	组织学生有序参赛。要求公平，公正执裁	运动场地 运用广播组织运动会的项目竞技（B5 学习小组织与管理）
	5	运动会的展示与评价	成果展示 记录写实 互评自评	通过班级入场式、团体操表演、课间操比赛及评选班级体育道德风尚奖等多种形式展示班级文化	全面参与运动会，探讨提升运动会价值的措施，撰写个人心得体会	运动场地 运用广播组织运动会的竞技、展示、颁奖（B5 学习小组织与管理、B9 自评与互评活动的组织）

续表

学生作品	学生班级竞技比赛成绩、班级宣传文稿、心得体会
评价方式	学生自我与互评、学校评价
安全保障	一般校内活动安全保障
条件保障	课程开发组外部保障：广播系统、电脑及相关设备；微机室（以便师生进行运动会项目填报） 课程开发组内部保障：相关资料的汇集整理与研讨；收集资料的分析、研讨
开发次第	课程再次开发
课程审批	1.课程教学处：签　章　　年　月　日 2.学生发展处：签　章　　年　月　日

“川大附中秋季田径运动会之开幕式”教学设计

一、教学分析设计

1. 活动分析

本次课为综合实践活动课程《走进川大附中秋季田径运动会》的第三次课。在第一次课中，学生完成了运动会的系统筹备工作：通过查阅文献资料、调查访谈等活动，设计了符合学校特色和贴近学生实际的运动会环节；基于对学校核心理念、“双新”示范职责、研究文化等方面的学习理解，设计了本次活动的会旗、会徽、会歌；借助技术手段科学合理地规划了运动会竞赛项目，并制定了秩序册。在第二次课中，全体学生利用体育课和其他空余时间段积极准备运动项目、科学训练，编排动作，调整细节。前两次课的活动，为运动会的开展做了充分准备。

2. 学生分析

高中生经过多年的运动锻炼，身体素质和心理品质都较为成熟；他们在初中和小学阶段都有参与运动会的亲身体验，对运动会的开展有共同的认识。我校学生长期受学校“培养—研究性”大学附中研究文化的熏陶，积淀了以社会责任感、创新精神、实践能力、高阶思维为代表的研究素养。因而，他们具备一定的统筹规划运动会开展的能力。

运动会的开幕式环节最受学生关注和喜爱，学生参与面广、积极性高。各个班级都想在开幕式中将最好的班级风貌、精神状态、训练成果展示在全校师生面前，享受动脑出力、顽强拼搏、团队合作带来的集体荣誉感和运动乐趣。

3. 目标分析

根据课程规划纲要中确立的课程目标，基于本次课的活动分析及学生分析结果，确定本次课的教学目标。

结果性目标：全员参与运动会开幕式，提升学生运动技能；加强对健康行为、体育品德的认识；增强班级凝聚力。

体验性目标：在全员参与运动会开幕式的活动中，体验与学校“双新”示范、研究文化之间的关联，体验参与运动会与团队协作、奋勇拼搏、享受乐趣之间的关联。

4. 资源分析

本次课为室外的展示交流课，所用主要教学资源如表 1 所示。

表 1　教学资源

教学资源	选用意图	来源
音响	辅助学生入场展示和团体操表演	租借
广播	组织推进教学各环节开展	学校多媒体
口哨	辅助学生队列、队形及行进间的变化	教师学生自带

5. 主题分析

本节课的目的是检验前两次课的筹备与训练结果，在运动会开幕式中展示班级风采、精神风貌，增强班级凝聚力，培养学生团结协作、奋勇拼搏的体育精神。学生在活动中参与性高、参与面广，运动强度大，团队协作要求高，能很好地促进学生提升体育核心素养。

按课程规划纲要的课次规划，基于前面对本次课程与学生的分析，本次课的活动主题确定为运动会开幕式展示、交流与改进。

二、教学实施设计

1. 教学环节

教学环节	学生活动	教师活动	设计意图
风采展示	1.各代表队入场 2.火炬传递与点火仪式 3.升国旗、奏唱国歌	1.火炬传递与点火仪式 2.奏唱国歌	展示班级风貌，增强集体荣誉感；培养师生爱国主义情怀
研究提升	1.会旗、会徽、会歌介绍 2.齐唱会歌 3.聆听发言	1.会旗、会徽、会歌获奖作品颁奖 2.嘉宾致辞、校领导致辞 3.运动员、裁判员代表宣誓 4.宣布运动会开幕	理解体育运动中的健康行为和品德；体验运动会开幕式与学校核心理念、“双新”示范、研究文化之间的关联
团结协作	学生团体表演： 第一篇章——漫漫长征路，红星耀中国 第二篇章——红旗飘华夏，丹心颂党恩 第三篇章——走进新时代，强国必有我	教师代表表演——快乐向前冲	体验参与运动会开幕式与团队协作、奋勇拼搏、享受乐趣之间的关联

2. 评价预设

环节	评价要素
风采展示	班级风貌、学生形象、组织纪律
研究提升	研究氛围、情意态度、参与程度
团结协作	协调配合、组织纪律、情境氛围

3. 教学流程图

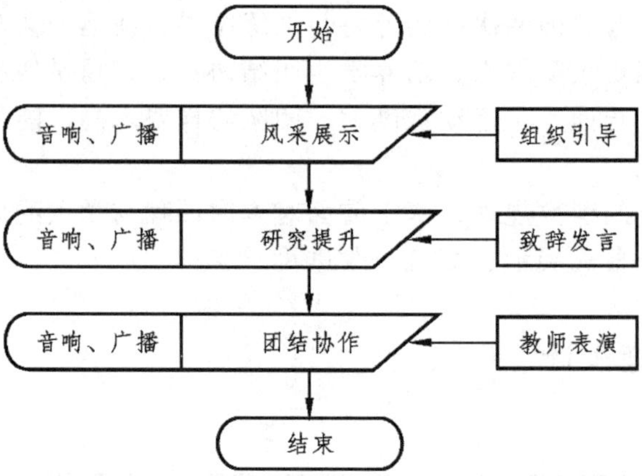

三、教后评价反馈

学生参与积极性高，研究氛围浓厚，在参与筹备运动会的过程中学生的研究素养和能力都有一定程度的提高。经过研究、讨论制定了运动会实施方案、借助奥赛管理系统，制作出运动会秩序册，然后通过广播和进班宣传，效果明显。全校学生积极投入运动会的训练当中，也积极参与运动会的各个项目。同学们在参与运动会后集体荣誉感增强了，班级的凝聚力也更强了，学生参与运动锻炼的热情更高，健康意识持续得到强化。在运动会开幕式的活动中，他们体验到了与学校“双新”示范、研究文化之间的关联，体验到了参与运动会与团队协作、奋勇拼搏、享受乐趣之间的关联。

项目课程核心问题教学评价表

<table>
<tr><th rowspan="2">评价目标</th><th colspan="3">评价指标</th><th rowspan="2">评价结果</th></tr>
<tr><th>一级指标</th><th>二级指标</th><th>三级指标</th></tr>
<tr><td rowspan="30">实现活动体验中的学习与发展</td><td rowspan="12">具有核心问题教学形态</td><td rowspan="3">核心问题
利于活动体验</td><td>内含客观问题和学生活动方式</td><td rowspan="12">每项指标最高评8分

合计 96 分</td></tr>
<tr><td>问题情景与真实生活密切相关</td></tr>
<tr><td>能引发新知识、新方法的生成</td></tr>
<tr><td rowspan="3">教学目标
价值引导恰当</td><td>两类目标正确全面</td></tr>
<tr><td>关联体验目标恰当</td></tr>
<tr><td>目标价值引导显现</td></tr>
<tr><td rowspan="3">教学环节
完整合理落实</td><td>教学环节清晰完整</td></tr>
<tr><td>环节内容合理充实</td></tr>
<tr><td>学生活动时间充分</td></tr>
<tr><td rowspan="3">教学要素
相互匹配促进</td><td>问题目标环节两两匹配</td></tr>
<tr><td>技术促进活动形式内容</td></tr>
<tr><td>课程特点突出氛围浓郁</td></tr>
<tr><td rowspan="18">具有核心问题教学实质</td><td rowspan="3">拓展学习视野</td><td>课程与现实世界有恰当关联</td><td rowspan="18">选择一个表现突出的二级指标，在相应三级指标引导下，以现场学生表现为依据，于本表的第二页写出150字以上的简要评价</td></tr>
<tr><td>有基于缄默知识的问题解决</td></tr>
<tr><td>有缄默知识运用的追踪剖析</td></tr>
<tr><td rowspan="3">投入实践活动</td><td>有真实而且完整的实践活动</td></tr>
<tr><td>能够全身心地沉浸于活动中</td></tr>
<tr><td>活动的内容结果均丰富深入</td></tr>
<tr><td rowspan="3">感受意义关联</td><td>有核心问题的深层意义感受</td></tr>
<tr><td>有以知识为中心的关联感受</td></tr>
<tr><td>有以个人为中心的关联感受</td></tr>
<tr><td rowspan="3">自觉反思体验</td><td>有实质性反思活动的开展</td></tr>
<tr><td>有课程新因素的追踪利用</td></tr>
<tr><td>有体验的交流与改善重构</td></tr>
<tr><td rowspan="3">乐于对话分享</td><td>乐于自我的表达与认真的倾听</td></tr>
<tr><td>乐于合作中成果与思路的分享</td></tr>
<tr><td>有宽容的对话氛围和双向交流</td></tr>
<tr><td rowspan="3">认同体验评价</td><td>认可体验评价</td></tr>
<tr><td>参与体验评价</td></tr>
<tr><td>利用体验评价</td></tr>
</table>

续表

核心问题教学实质的简要评价
我校的运动会综合实践活动课是积极响应并落实《<体育与健康>教学改革指导纲要（试行）》精神中“勤练”“常赛”要求，是学校体育工作、体育课程、学生德智体美劳全面发展的实践路径之一。每年一度的运动会是最受学生关注和喜爱的校园活动之一，通过转化成综合实践活动课程，通过设置恰当的核心问题，进一步助推运动会价值的提升，该课程能充分体现我校核心问题教学实质，具体表现如下几点。 第一，投入实践活动突出：该课程从运动会从筹备到评价的环节出发，恰当地设置五次课程，每次课程中均强调学生的亲身参与，从筹备阶段中的会徽、会旗和会歌的征集，再到火炬传递方式的设计，均由学生自主完成，再到在团体操和参赛项目的训练、展示及比赛，充分调动学生的积极性，这一系列的活动设计让学生能够全身心地浸渍于活动中，最后在颁奖仪式和撰写心得体会中进一步实现让学生从体验程度方面深入感悟，总之课程突出的目的是使学生的全身心投入实践活动，实现活动中出真知，活动中升华认识。 第二，感受意义关联强烈：该课程立足学校“全育•双责”办学理念的落实，在运动会各环节的设计中既充分考虑学生的实际情况，又结合学校研究文化的特色，通过设置“营造全员参与的运动会情景，彰显百年附中‘双新’示范活力”的核心问题，让学生在运动中感受体育竞技项目技能这一知识，也从筹备活动、团体操训练的角度让学生关联学校的研究文化，从而彰显出运动会多层次的价值导向。 第三，有自觉反思体验设计：通常的运动会评价在颁奖仪式后即结束，但该课在评价环节增加了要求学生撰写运动会心得体会文章并进行评奖，这就是对运动会有实质性反思活动的开展，通过学生对运动会心得体会的撰写，进一步实现对课程的追踪利用，并进一步从学生的感受中去优化其项目设置、调整下次运动会的各个环节。此外，在撰写心得体会时，也能让学生之间相互交流与体验，从而更深层次地理解运动会的价值内涵

川大附中项目课程目标达成点检测表

<table>
<tr><td rowspan="4">基本信息</td><td>课程名称</td><td colspan="3">川大附中 2021 年秋季田径运动会</td><td>课程类别</td><td colspan="3">必修的综合实践活动课程</td></tr>
<tr><td>首席教师</td><td colspan="3">周智</td><td>组/处</td><td colspan="3">体艺卫</td></tr>
<tr><td>参与教师</td><td>刘世刚</td><td>组/处</td><td>语文组</td><td>参与教师</td><td>阙庶</td><td>组/处</td><td>体艺卫</td></tr>
<tr><td>年　级</td><td colspan="2">全体学生</td><td>上课时间</td><td colspan="4">2021 年 11 月</td></tr>
<tr><td>核心问题</td><td colspan="8">营造全员参与的运动会情景，彰显百年附中“双新”示范活力</td></tr>
<tr><td rowspan="2">课程目标</td><td>结果性目标</td><td colspan="7">1.全员参与运动会，提升学生运动知识、技能，加强学生对健康行为、体育品德的认识，增强班级凝聚力。
2.在参与运动会的过程中，培养学生的健康意识，养成终身参加体育锻炼的习惯</td></tr>
<tr><td>体验性目标</td><td colspan="7">1.全员参与运动会筹备、训练、实施与评价活动，体验运动会各环节与学校“双新”示范、研究文化之间的关联。
2.在训练、参与竞技比赛项目及展示班级文化的活动中，体验体育锻炼与团队协作、奋勇拼搏与共享体育快乐的关联</td></tr>
<tr><td>检测点</td><td colspan="8">学生参与运动会筹备、训练、实施与评价活动，是否体验到运动会各环节与学校“双新”示范、研究文化之间的关联</td></tr>
<tr><td>检测任务</td><td colspan="8">撰写主题为“百年附中活力无限　双新示范健康先行”的秋季田径运动会心得体会</td></tr>
<tr><td rowspan="4">分类标准</td><td colspan="8">A．学生参与运动会筹备、训练、实施与评价活动，对运动会各环节与学校“双新”示范、研究文化之间的关联体验深刻</td></tr>
<tr><td colspan="8">B．学生参与运动会筹备、训练、实施与评价活动，对运动会各环节与学校“双新”示范、研究文化之间的关联体验较为深刻</td></tr>
<tr><td colspan="8">C．学生参与运动会筹备、训练、实施与评价活动，对运动会各环节与学校“双新”示范、研究文化之间的关联体验较少</td></tr>
<tr><td colspan="8">D．学生参与运动会筹备、训练、实施与评价活动，未体验到运动会各环节与学校“双新”示范、研究文化之间的关联</td></tr>
<tr><td rowspan="5">检测统计</td><td colspan="2">分类等级</td><td colspan="3">学生人数（共 1492 人）</td><td colspan="3">所占百分比</td></tr>
<tr><td colspan="2">A</td><td colspan="3">343</td><td colspan="3">23%</td></tr>
<tr><td colspan="2">B</td><td colspan="3">566</td><td colspan="3">38%</td></tr>
<tr><td colspan="2">C</td><td colspan="3">522</td><td colspan="3">35%</td></tr>
<tr><td colspan="2">D</td><td colspan="3">61</td><td colspan="3">4%</td></tr>
</table>

检测分析结果运用	通过体验性目标点检测的数据分析，我们对学生的体验性目标达成有如下判断： 1．分层来看 A等级的同学有343人，这类同学对学校的运动会与学校的研究文化有深刻的体验并且能够与个人的社会责任感关联起来，说明其通过课程，认识到运动会对于学生全面发展的核心素养、认识到在五育中所起到的作用；对运动会与个人、班级、国家的发展有深刻、明确的关联。 难能可贵的是，这些同学能结合个人与班集体的建设，认识到体育运动对自身塑造自身健全的人格与未来的发展打下坚定的基础，这些正与运动会的主题中的“双新”示范健康先行理念不谋而合。 B等级的同学有566人，这类同学对运动会与学校的研究文化、运动会的各环节有较深刻的体验，体现在参与运动会训练、比赛中所激发的团结拼搏、增加班级荣誉、构建完美人格等方面，并能够主动将运动与个人、班级建设相关联。 C等级的同学有522人，这类同学对运动会有一定的体验，感受到运动会对提高个人身体素质、磨炼意志有重要作用，但对于个人发展与班级建设、以及如何做好全面发展之间的关联体验不如AB两类同学更深刻。 D等级的同学有61人，这类同学对运动会各环节与学校“双新”示范、研究文化之间的关联体验不足，或是表述比较空洞，没有表达出个人对两者间关联的理解。 2．综合来看 A+B等级的同学均对运动会各环节与学校“双新”示范、研究文化之间的关联体验有较为深刻体验，且能个人与班级建设，学校研究文化有机关联起来。该部分占比61%，说明课程活动恰当，因此可以说，课程的体验性目标整体达成度高，实现深度体验的面广。 C+D等级的同学对两者有一定的体验，但体验不深。说明课程的研究活动需要进行调整，在下次课程推进中还需要加大宣传或在过程中加深同学们的体验，以实现体验深度好、深度体验的群体广的体验性目标。 3．结果运用 整体来看，学生在本门课程中对运动会各环节与学校“双新”示范、研究文化之间的关联体验深刻、涉及面广。今后的课程开发与实施中，应继续关注学生整体在研究中的体验
体验典型实例	A等典型例子1（高一二班 李佳昕）： 运动会的圣火传递环节也是大家关注的焦点。为解决火炬燃烧后排放的污染物以及火炬燃料燃烧不充分等问题，同学们对火炬进行了一系列的改革。改革后的火炬任秋风凛冽，也不熄灭。经过一位位火炬手的传递，主火炬终于被点燃。熊熊燃烧着的火焰，也点燃了同学们对体育精神的热烈追求，也彰显着川大附中学子生生不息的科学探究及实践创新的精神。 “加油加油!”“你是最棒的!”运动健儿们在跑道上挥动双臂，青春激扬的汗珠从他们面颊上滑过，他们以自身彰显着体育之美，以行动来为班级争取荣光。无论是否取得辉煌的成绩，他们都将是我们心中的英雄! 此次运动会的举办，促进了同学们“生命在于运动”的观念形成，培养了同学们的集体荣誉感及责任感，丰富了同学们的课外生活，坚定了同学们“青春之意义在于奋力拼搏”的信念，展现了同学们积极向上的精神面貌，促进了同学们的全面发展。10月29日下午，本次秋季田径运动会圆满落幕。 这位同学深刻体验到运动会火炬传递与学校研究文化的相互促进作用，进而感悟到个人发展与班级建设的相互作用关系，因此归为A等

续表

体验典型实例	A 等典型实例 2（高二十四 李佳奕）： 挑战与团结。作为精品小型班，团体赛场上，在人数方面我们班不占优势，人数不够一直是围绕着我们的难题。女生的人数本来就少，再加上有因伤缺席的人，女生参赛的人数屈指可数，面对这一问题，我们起初想放弃，有的同学也提出退赛的想法，“人本来就不够，我们还跑什么呢?”我们陷入迷茫、无助之中。但班主任老师立即遏制了这一想法，我们虽然人少，但我们能想办法解决问题，运动赛场上应是我们挥洒汗水、感受体育带给我们的快乐，而不是一味地退缩和放弃。同学们的心被点燃。人数不够，那我们就多跑几趟。其中 4 名女生在迎面接力赛场上连续跑了两次，她们没有因累、畏惧而退缩，反是用尽全力在为班级争光，做出贡献，在用飞驰的身姿告诉大家我们 14 班也是团结厉害的班级。我们人虽少，但该有的我们都有，我们也是最棒的一个集体。 在遗憾与期待中，我看到了附中学子不畏艰苦、不惧险阻的团结向上的体育精神。 这位同学深刻体验到运动会与班级凝聚力形成的关联，激发其为班级荣誉而努力的强烈责任担当，因此归为 A 等
检测反馈	整体来看，学生在深度参与运动会开幕式的活动中体验到各环节与学校研究文化、体育品质、健康意识的关联，很好展示了运动会百年附中活力无限、双新示范健康先行的育人初心，我们将在运动会的各个环节中让学生进一步体验深刻

注意：请将所有学生的检测答卷附于表后。

走进川大附中秋季田径运动会感言

成功，从来不简单

李籽言

从没有一座现成的桥通向希望，从没有一条康庄大道通向辉煌，从没有一种轻盈步伐追寻阳光，即使是八百米的成功，也从不是一件简单的事。

丹桂黄金，秋风送爽，斑鸠于交错盘虬的枝丫上歌唱，所有的生物都为秋日的丰收而歌唱，在这样一个风朗气清的日子，我站在八百米的赛场。

紧张、激动、忐忑、不同的情绪同时充斥在我的心里，身上的数字九也变得无比沉重，耳边不断响起同学们呐喊助威的声音，我却无法像其他人一样笑着回应，只能不断地做着深呼吸，默默祈祷着一会儿能正常地跑完这八百米。

“砰”发令枪响起的瞬间，我拔腿狂奔。

本想跟着第一个穿白色卫衣的女生跑，但扛不过那个女生身高腿长，一步迈的距离我要跑三步，本计划着一直跟随跑，结果冲出去大概一百米不到我就放弃了，一边调整呼吸一边重新找节奏。

耳边突然响起了音乐声，猛地转头，有些模糊的视线中闪过一个红色的音响——曾经我们社团排练用的音响？“加油！”是我高三的学姐，她们俩提前知道了我要和八百米搏斗，扛着音响就冲了下来，为我加油，来不及回应，我又像一股旋风冲了出去，音乐声与加油声逐渐减弱，所有的呼唤声都变成了耳外朦胧的嘈杂声，心跳声逐渐占据了整个耳朵，脑内一片空白，视线中只剩下了前面一个人的背影，快些，再快些，还有五百米！

又跑了一圈，我几乎已经感受不到双腿的存在，喉咙里铁锈的味道越来越重，每次大口喘息都充斥着腥甜的味道，可是意识仍催促我继续往前，迈出一步，再迈出一步。

“还有两——百——米——”杨老师的声音被无限拉长，“百”和“米”两个字贯穿了我的耳膜，我能清晰地感受到那两个字从左耳穿到右耳，行吧，再冲两百米！

冲过终点线后我控制不住地跪在了地上，手软腿麻站都站不起来，可我还是成功了，我跑过了那称得上荆棘遍地的八百米！

成功从来不简单，但心在，我在，就要努力地往终点冲去。

下一次，不见不散

张佑一

金秋十月，细雨笼罩着附中这小小一隅，羽毛般的轻雾在空气中随着呼吸缓缓流淌，淡淡雾气，朦胧氤氲，行人的轻声细语，自行车清脆的铃声昭告崭新的开始，当并不耀眼的阳光透过厚积雨云落到我的脸上，薄雾便倏地被扯开了。不息的火炬，挥舞着的会旗与校长的致辞正式拉开了运动会的序幕。

站得累了,舞动的蜻蜓扇动两下翅膀踉踉跄跄朝着太阳逃去,只留下我独自苦闷。坐在划好的位置,寻一个舒服姿势,撑着地拿着一本书,一天竟如此美妙,月末深秋,柔和的雨雾无时无刻不在抚摸万物的尾巴,亲切得不合时宜,刺动昏昏欲睡的神经。

偶然间一阵微凉清风摩挲过树尖儿,才意识到重头戏团体操就要开始。抬头一望场席空无一人,赶忙收拾三步并做两步去到比赛地点,“砰砰……砰砰……”五十四个人的方阵静得出奇,每个人随着音乐开始律动,呼吸也变得轻微。

马作的卢飞快,弓如霹雳弦惊,弓如霹雳弦惊破空般的声浪覆盖四面八方,在这短短二百来米赛道中,每一次奔跑的脚印都是超越极限。运动员们是全场焦点,他们凝聚了数百人的热情与期待,势如破竹,锐不可当,他们始终不负众望,如离弦之箭实至名归。

跳高可以说是全运动会最大看点了,在喝彩声中,横杆不断升上新的高度,原本一大群健儿随着残酷的制度逐渐稀少,最后只剩下两位王者角逐。只见两人冲到横杆下,左腿一蹬,右腿一抬,身子一跃而起,像一只飞燕掠过横杆。两套动作连贯而利落,观众们情不自禁喝彩,可惜昔日第一的选手疏于训练,勤于学习,将第一名拱手相让,成为极大的遗憾,然而第一名一米八的极佳成绩也为此次运动会添上浓墨重彩的一笔。

欢呼与庆祝后,人们各自回到自己的小天地,灰灰的云此起彼伏地挪动厚厚身躯,将炽热的阳光送给每颗炽热的心。忙碌的大家空闲了下来,一切又重归于宁静。

“最是人间留不住,朱颜辞镜花辞树”,“最是花红蒂落,最是昙花一现”,最是轻松瞬间留不住。但也最是枯木逢春,是沁人心脾,是关爱与接待,是我们相遇的瞬间。下一次,不见不散!

生涯规划课程

“生涯规划课程”课程开发规划纲要

课程首席教师：冯刚（学生发展处）

课程参与教师：刘世刚　王旭（学生发展处）

<table>
<tr><td>课程名称</td><td colspan="8">生涯规划课程</td></tr>
<tr><td>课程类型</td><td></td><td>必修的综合实践活动课程</td><td></td><td>必修的劳动课程</td><td></td><td>选修的学科课程</td><td>√</td><td>选修的校本课程</td></tr>
<tr><td>实施对象</td><td colspan="3">高一年级学生</td><td colspan="2">建议选课学生人数</td><td colspan="3">高一年级全体学生</td></tr>
<tr><td>课程课时</td><td colspan="8">课时：班级课+活动探究　共 10 次</td></tr>
<tr><td>课程背景</td><td colspan="8">政策背景
2019 年 6 月，国务院办公厅印发的《关于新时代推进普通高中育人方式改革的指导意见》强调，要加强学生发展指导，注重指导实效，帮助学生树立正确理想信念、正确认识自我。2021 年 7 月《国务院关于深化考试招生制度改革的实施意见》提出，要体现科学高效，提高选拔水平，增加学生选择权，促进科学选才。同时，还进一步扩大了高校的自主权，通过构建综合素质评价和多元录取机制，增加高校招生录取的自主权。这种新的考试招生模式正在倒逼学校指导学生更多地认识自我与社会，谋划学业与职业方向。随着新普通高校招生制度改革，唤醒学生潜能，建立成熟的学生生涯规划发展课程体系成了我校建立高品质学校最重要的环节和标志。因此，高中阶段积极推进生涯规划教育已经成为目前学校发展的重要任务。
学生背景
调查显示，我国高中生涯教育较为缺乏，只有 33%的高中生接受过职业指导，而新高考改革方案带来的多元选择是综合性的，不是简单的学业匹配或者职业匹配，而是基于整个人生的综合决策。因此高中生涯规划教育的现状需要改变，高中生涯规划教育势在必行。
高中生职业生涯规划，是高中阶段深化课程改革的需要，可使学生主体增强自我认知能力，探索自己可能的发展形态以便做出较佳的抉择、规划与准备；使学生拥有明确的学习目标，增强学习动机，变被动学习为主动学习，变盲目发展为有目标发展，帮助学生发展个性，实现可持续发展。在课程建设中，以生涯规划教育为主线，围绕拓宽学生视野，促进个性发展和可持续发展这一目标，引导学生认识自我，发现兴趣，培养潜能，进行学业生涯和职业生涯规划。
课程架构：
根据成都市教育局关于印发《成都市中小学生涯规划教育实施方案》的通知：高中阶段的生涯规划侧重生涯规划与行动。结合本校学生在高中学习阶段的特点和身心发展规律，初步形成分年级的生涯规划课程的目标：高一，生涯认知，即让学生学会对自我和职业进行客观的认识，探索自己的兴趣爱好，以及自己喜欢的生活方式；高二，</td></tr>
</table>

续表

<table>
<tr><td>课程背景</td><td colspan="7">生涯探索，即通过更多实践体验的课程内容设计，使他们在了解自我、了解工作世界的基础上，开始有意识地规划自己的生涯；高三，生涯选择，即通过对升学、就业等相关信息的介绍，帮助学生提高选择和决策生涯目标的能力。对入学的高一新生，生涯规划的重点是培养学生自我认识能力，帮助学生尽快适应高中生活，初步树立生涯目标。
父母不仅是孩子的第一任老师，是孩子人生的引路人，更是高中生涯规划中的重要助力，因此家长应积极参与到生涯规划教育中来，通过对家长的生涯规划意识启蒙结合学校的生涯规划课程，动员社会企业参与生涯规划行动，共同为学生打造家、校、社共育模式，协同促进学生树立生涯规划目标，激发学生的学习动力，帮助学生顺利开启人生规划。
资源背景
1.硬件资源：学校与第三方企业合作，他们可以提供多种行业的职业体验活动、研学等场地、设施设备。
2.人力资源：学校与西部经济文化发展研究院生涯教育中心课程研究所建立合作关系，共同开发高中生生涯规划校本课程，他们具有生涯规划指导的专业师资。
技术融合
1.上课教师会用到多媒体播放关于生涯规划的各种视频。
2.教师会设计小程序统计学生的职业体验行业倾向。
3.学生要制作汇报展示的PPT及相关视频</td></tr>
<tr><td>课程内容（核心问题）</td><td colspan="7">在生涯导师指导下，向内研究自己，向外研究感兴趣的行业，据此研讨形成自己的生涯规划，撰写生涯规划报告，展示生涯规划研究成果。
问题：什么是生涯规划？生涯规划与现在学习之间存在什么关系？
活动：学生学习生涯规划知识，参与职业体验，形成报告，进行展示交流</td></tr>
<tr><td>课程目标</td><td colspan="7">结果性目标
1. 学习生涯规划知识，提升生涯规划意识，深度体验1~2种感兴趣的职业。
2. 交流、研讨、规划自身生涯目标，撰写生涯规划报告。
体验性目标
在交流、研讨、规划自身生涯目标活动中，体验个人与社会、时代的关联；体验未来生涯规划与现在学习经历之间的关联</td></tr>
<tr><td rowspan="2">课次计划</td><td>课次</td><td>主题</td><td>研究环节</td><td>上课时间</td><td>课程内容</td><td>课前课后任务</td><td>课程地点</td></tr>
<tr><td>1</td><td>有规划的人生更精彩（1课时）</td><td>了解生涯</td><td>3月11日—18日（16:05—16:45）</td><td>初识生涯规划，了解这门课程对自己的意义；
评估自己目前的生涯状态，唤醒学生生涯意识，增强学生生涯适应能力</td><td>课前：学生思考当前的学习和生活所存在的困惑有哪些？生涯规划能帮忙解决这些问题吗？
课后：填写个人信息及完成课后思考（完成《生涯规划成长手册》第一部分）</td><td>各班教室</td></tr>
</table>

续表

课次计划	2	预见未知的自己（1课时）	认识自我	3月25日—4月1日（16:05—16:45）	引导学生了解自己的兴趣方向，人格特质、能力特长、价值观等； 认识自己的优缺点，肯定自己的价值，悦纳自己	课前：学生思考“我是谁？”做好自我介绍，需要考虑哪些方面？ 课后：通过课后的参考材料进行深度的兴趣、潜能、特质、价值观的认识，清晰认识自己是谁。（完成《生涯规划成长手册》第二部分）	各班教室
	3	寻找最亮的星（1课时）	探索自我	4月8日—15日（16:05—16:45）	引导学生思考自己的生涯期待，树立目标意识； 理解目标的重要性，学会如何制定自己的目标，掌握目标制定的方法，更好地指导当下的学习和生活	课前：学生思考目前自己是否有清晰的目标？ 课后：确定自己的高中生涯规划目标。（完成《生涯规划成长手册》第四部分）	各班教室
	4	做时间的掌控者（1课时）	自我规划	4月22日—29日（16:05—16:45）	通过本节课的学习，同学们通过课程案例分析，以及互动，学生反思日常制定计划的误区，并通过探讨理解制定计划的步骤和要点。同时，通过讨论、分享、展示促进学生学会制定计划的方法	课前：调查学生制定计划情况。 课后：通过课后的参考材料，学生制定自己的学习计划和安排。（完成《生涯规划成长手册》第四部分）	各班教室
	5	父母有规划孩子有未来（1课时）	家庭保障	5月14日（20:00—21:00）	引导家长正确认识青少年生涯规划教育，树立生涯规划发展观； 促进家庭对中学生生涯规划的引导作用，实现家校共育	课前：调查家长目前存在的教育孩子的疑问和困惑。 课后：家长协助孩子完成《生涯规划问卷调查》内容	腾讯会议线上进行
	6	大学专业知多少（1课时）	专业探索	5月20日（16:05—16:45）	引导学生认识大学专业及专业设置等相关知识，帮助学生了解高校学科建设、专业设置及发展方向；同时，通过学习专业探索的科学方法，引导学生课后进行专业探索认识，从而指导学生结合自身发展兴趣，提前明确未来发展方向	课前：学生填写《生涯规划专业意向问卷》 课后：学生通过专业视频认识以及材料阅读等方式，完成《个人兴趣专业分析总结》	聚智厅

续表

课次计划	7	面向未来的职业之路（1 课时）	职业认识	5 月 27 日（16:05—16:45）	引导学生对未来职业发展趋势、职业的类型、特点、前景以及人才需求等方面进行初步认识和了解，学习职业探索的方法，拓宽学生视野，促进学生从长远规划自己的未来，树立生涯志向	课前：学生确定探索的行业方向 课后：学生通过职业探索方法，完成《职业探索分析报告》	聚智厅
	8	职业体验，预见未来的自己（活动时间 1 天）	实践探索	6 月 3—8 日（选择 1 天）	引导学生依据自己兴趣、潜能、特质选择对应职业体验活动；进行行业相关信息了解，职业访谈； 促进学生深度认识自己，探索未来目标	课前：准备职业访谈提纲。 课后：撰写社会实践体验报告。（完成《生涯规划成长手册》第三部分）	校外各个企业（部分学生参加）
	9	如何成为理想中的自己（1 课时）	评价指导	6 月 09 日—16 日（16:05—16:45）	通过教师指导学生深度分析个人生涯规划成长手册，引导学生研究个人生涯规划方案，从而为生涯规划方案制作做准备	课前：学生结合前期课程和后期体验活动制作《生涯规划个人成长报告》。 课后：制作个人生涯规划可视化方案（以视频、文章、海报多种方式呈现）	分小组线上和线下结合进行
	10	点亮生涯，规划未来（1 课时）	成果展示	6 月 17 日（16:05—17:35）	评选学生优秀规划方案，参与《高中生涯成长节》汇报展示	课前：学生准备生涯规划课程研究小组方案。 课中：依照展示流程，各领域研究小组按抽签顺序上台展示。 课后：活动结束后对本次活动课程做出总结	聚智厅
学生作品	高中生涯规划报告书、职业体验报告、学生活动写实记录						
评价方式	自评与他评相结合，过程与结果相结合						
安全保障	一般校内活动安全保障 社会实践（职业探究）活动安全保障						
条件保障	硬件保障：学校与第三方企业提供职业体验活动的企业、研学等场地、设施设备。 软件保障：西部经济文化发展研究院生涯教育中心						
开发次第	课程首次开发						
课程审批	1.课程教学处：　　签　章　　年　月　日 2.学生发展处：　　签　章　　年　月　日						

“如何成为理想中的自己”教学设计

一、教学分析设计

1. 学生分析

高中生职业生涯规划，是高中阶段深化课程改革的需要，可使学生主体增强自我认知能力，探索自己可能的发展形态以便做出较佳的抉择、规划与准备。

本课结合前面学生进行的对内的自我认识探索和对外的职业体验探索，以及自己的目标建立和时间管理等引导学生从整体进行反思和总结，充分认清自我，探索自己的理想，更加脚踏实地去触摸自己的理想.从而提升自我认知和生涯规划意识，提高自我规划生涯能力，拓展职业生涯发展空间，更加明确自己的目标和方向，为自己打下良好的基础。

2. 目标分析

通过本节课的学习，同学们通过个人对内探索的反思和对外探索的总结，深度分析个人参与生涯规划课程的收获，建立规划意识；教师引导学生研究个人的生涯规划方案，从而更好指导当下的学习和生活。

（1）结果性目标。

①使学生认识到确认规划的重要性，激发学生制作自己的个人成长报告。

②通过结合自身学习情况，从知己、知彼、选择行动等 3 个方面进行总结和反思，并规划自己当下的学习和生活。

（2）体验性目标。

①在反思自己生涯规划、参与学习的活动中。

②体验个人与社会、时代的关联，体验未来生涯规划与现在学习经历之间的关联。

3. 资源分析

资源名称	功能
文件/PPT（各个研究小组指导内容）	展示小组研究过程，以及核心问题、生涯规划相关知识点以及评价反馈练习等内容。
川大附中生涯规划成长手册(生涯规划个人成长总结报告)	用于学生在课程中进行自我的总结反思和探索

4. 主题分析

基于学生及目标分析，为了学生能在学习中融入情境，尤其融入学习探索情境，主动分析、探究中获得深度体验，学会自我反思和总结的方法，结合自我认识和环境探索，进行个人生涯规划的梳理，确定未来发展的方向，建立目标感，从而有足够的力量进行目标规划。进而能将其运用于实际问题情境中解决新问题，不断加深对自我认识、对个人未来发展的好奇与探索，将本节课的核心问题确立为“合理制定自己的生涯规划方案 梳理和改进自己的成长计划”。

（二）教学实施设计

1. 教学环节

教学环节（时间）		学生活动	教师活动	设计意图	技术融合
提出问题（约2min）		学生通过对整体学习的体验进行各自的感受分享，明确规划对自己未来发展的重要性	通过引导学生反思自己在整个生涯规划研究课题的参与过程，分享自己的感受和困惑，认识规划对未来发展的作用和意义。期待：本节课学习后同学们能掌握规划自己未来的方法。 PPT 演示图引出核心问题：如何进行自己的生涯规划方案	使学生对将要学习的知识产生期待、渴望的积极情绪；结合学生当下的困惑，激活学生的好奇心和课程参与感，进入跃跃欲试的学习状态。 初步体验实际问题与个人发展的关联	提醒学生拿出生涯规划个人成长报告单； PPT/文案出示问题与活动
解决问题（约20min）	活动一：自我分析（约5min）	以小组为单位，通过讨论和分析，写出自己的兴趣、潜能、特质、价值观等相关内容	巡视、点拨。 举出与学生生涯规划研究课程内容和体验相关的示例，助力学生参考，鼓励学生尽量多写、详写。 助力学生理解，进一步认识自己	结合学习生活以及体验中的实际情况，深刻理解认识自我的方式，让学生明确自己是谁	PPT 体验回顾启发学生反思自己。 学生填写生涯规划个人成长中的自我分析部分，进行分享展示
	活动二：专业分析（约5min）	基于专业认识的过程回顾，学生讨论并再一次确定自己感兴趣的专业方向	巡视、点拨。 利用 PPT 展示专业梳理内容和过程，助力学生再一次明确自己的专业兴趣。 通过学生小组讨论总结专业探索的方法，助力学生掌握方法并迁移使用	通过体验内容的反思和回顾结合讨论激发探究热情。 通过探究活动，助力学生总结专业探索方法，明确专业兴趣，激发学习动力	PPT 体验回顾展示，激发学生参与互动。 学生利用活动深入探索了解专业的方法
解决问题（约30min）	活动三：行业分析（约5min）	基于行业认识的过程回顾，学生讨论并再一次的确定自己感兴趣的专业方向	巡视、点拨。 利用 PPT 展示行业梳理内容和过程，助力学生再一次明确自己的行业和职业兴趣。 通过学生小组讨论总结行业探索的方法，助力学生掌握方法并迁移使用	通过体验内容的反思和回顾结合讨论激发探究热情。 通过探究活动，助力学生总结行业探索方法，明确行业与职业兴趣，激发学习动力	PPT 体验回顾展示，激发学生参与互动。 学生利用活动深入探索了解行业的方法

续表

教学环节（时间）		学生活动	教师活动	设计意图	技术融合
解决问题（约30min）	活动四：生涯目标建立（约5min）	基于学生个人的认识基础上，结合环境探索的内容，梳理自己的目标，促进学生更加明确自己的目标	巡视、点拨。 利用目标梳理的方式，助力学生深入理解环境探索与认知的职业规划，寻找自己的目标方向。 通过学生探索目标的制定，助力学生进一步掌握建立目标的方法	通过示例，激发探究热情。 通过探究活动，助力学生更加深入地理解自己，并加深对自己目标实现的决心	利用整体回顾，促进学生反思自己。 学生在认识自己的基础上，深入明确自己的目标
	活动五：行动方案（约5min）	依据目标的梳理，进行行动计划的制定	巡视、点拨。 利用目标的激励，以及计划制定的方法回顾，助力学生制定自己的行动计划	通过示例，激发探究热情。 通过探究活动，助力学生掌握制定计划的方法，学会依据目标建立激励自己的行动计划	PPT 示例，促进学生理解。 学生通过行动计划的制定，实现自己的目标
	活动六：个人成长感悟（约5min）	依据整体的回顾、总结和反思，以及在过程中的挑战与困惑的事例，学生梳理自己的成长感悟	巡视、点拨。 利用 PPT 回顾内容，助力学生学会反思、复盘以及促进成长	通过示例，激发探究热情。 通过探究活动，助力学生学会复盘，激发成长动力	PPT 示例，促进学生学会复盘
反思提升（约4min）	师生回顾生涯规划的探索步骤，结合生涯规划个人成长总结活动单，共同反思核心问题解决过程，提出本节课的新知及思想方法。 学生展示自己梳理成长报告的结果。 小组交流评价反馈练习，再一次的生涯规划的内容以及方法。 生涯规划 4 步骤：知己、知彼、选择、行动 知己的方式:内省、反馈、比较、测评 知彼分为:专业探索和行业探索 ①专业探索的方法 ②行业探索的方法:文献调查、职业访谈、实地调研、统计分析 选择与行动:建立目标与计划			通过生涯规划个人成长总结活动单，对解决问题过程的反思与结构化提升，加深理解生涯规划的步骤，以及对应的方法，进而明确自己未来的方向，激发内在动力	学生完成自己的生涯规划个人成长总结，并展示分享。 教师总结归纳鼓励学生探索和自己深度目标

评价反馈（约 4min）	借助生涯规划个人成长总结内容，鼓励学生进行个人的生涯规划的探索	出示评价反馈练习：生涯规划个人成长总结。 巡视、点拨、组织评价反馈练习与交流	结合学生本人的具体情况，进行回顾 在解决日常生活情境中的实际问题中加深学生对自己的认识，对环境的了解，对自己的目标的确定，对高中理想状态的畅想。对自己未来发展的目标与当下高中阶段进行关联体验；在问题的解决、思路的表达与评价活动中体验实际，自己梳理自己的生涯规划的方法，思考自己当下的学习和生活如何去实现自己的目标，现在行动与未来目标实现的关联	学生完成生涯规划个人成长总结，进行分享展示

2. 评价预设

提出问题环节：借助 PPT/文案，引导学生反思自己在整个生涯规划研究课题的参与过程，分享自己的感受和困惑，并对个人的生涯进行规划，激发学生通过本节课的学习提升对将要学习的知识的期待、渴望的积极情绪；结合学生当下的困惑，激活学生的好奇心和提高课程参与感。

解决问题环节：活动一中通过对学生“自我分析”分析的评价，助力学生理解认识自己的方法和途径，总结自身的优势和不足。活动二中通过对“专业分析”探索的评价，引导学生不断加深探索专业的方法和内容，坚定自己的兴趣专业。活动三中通过对“行业分析”探索的评价，引导学生深入自己感兴趣的行业，以及探索行业的方法，加深自己对未来职业和行业的坚定。活动四中通过对“生涯目标的确立”探索的评价，引导学生从自己认识的角度思考，结合环境探索的内容，梳理自己的生涯目标，推动目标实现方法的探索。活动五中通过对“完善自己的行动计划”探索分析，引导学生明确自己未来的发展方向，了解制定计划的方法。活动六中通过“生涯规划成长感悟”的探索评价，促进学生理解生涯探索是一个不断循环上升的过程，自己的目标实现是需要自己不断的实践和体验，促进学生建立实现自己目标的信心。发挥好该环节评价的激励引导功能。

反思提升环节：通过师生共同分析和分享生涯规划个人成长总结活动单，对解决问题过程的反思与结构化提升，加深理解生涯规划的步骤，以及对应的方法，进而明确自己未来的方向，激发内在动力。评价中要努力发挥此环节评价的体验积淀功能。

评价反馈环节：结合学生本人的具体情况，进行回顾。在解决日常生活情境中的实际问题中加深学生对自己的认识，对环境的了解，对自己的目标的确定，对自己未来发展的目标与当下高中阶段进行关联体验，积极思考自己未来与当下的学习和生活的关联，进而对高中理想状态的畅想，凸显该环节评价的体验强化功能。（生涯规划成长总结报告）

3. 教学流程图

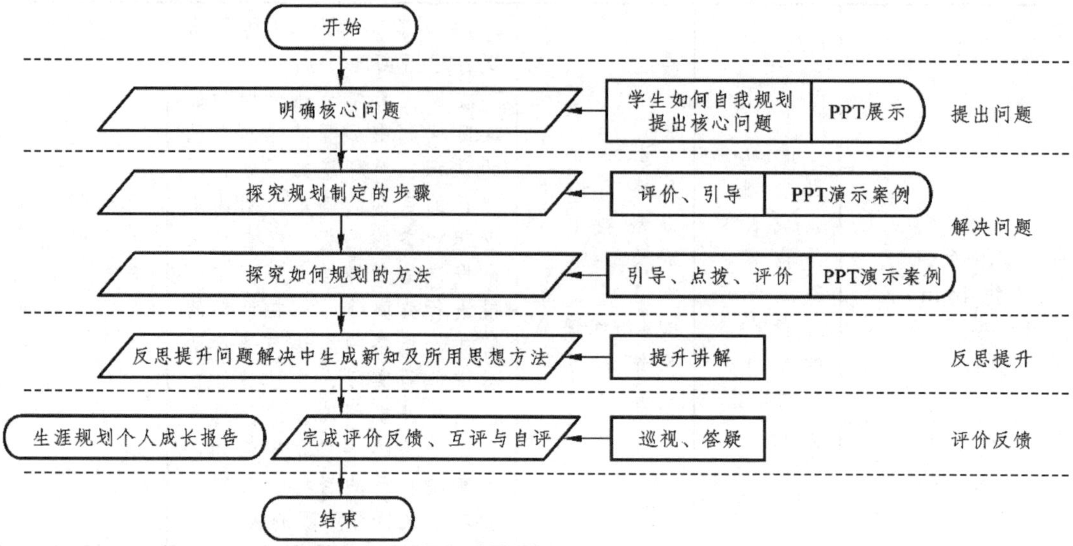

三、教学评价反馈

课后搜集了全班学生的运用反馈练习。

下节课前提问学生对目标制定的操作情况。

川大附中项目课程核心问题教学评价表

评价目标	评价指标				评价结果
	一级指标	二级指标	三级指标		
实现活动体验中的学习与发展	具有核心问题教学形态	核心问题利于活动体验	内含学科问题和学生活动方式	8	每项指标最高评8分
			问题情景与真实生活密切相关	8	
			能引发新知识、新方法的生成	8	
		教学目标价值引导恰当	两类目标正确全面	8	
			关联体验目标恰当	8	
			目标价值引导显现	8	
		教学环节完整合理落实	教学环节清晰完整	6	
			环节内容合理充实	6	
			学生活动时间充分	6	
		教学要素相互匹配促进	问题目标环节两两匹配	8	合计<u>90</u>分
			技术促进活动形式内容	8	
			学科特点突出氛围浓郁	8	
实现活动体验中的学习与发展	具有核心问题教学实质	拓展学习视野	课堂与现实世界有恰当关联		选择一个表现突出的二级指标，在相应三级指标引导下，以现场学生表现为依据，于本表的第二页写出150字以上的简要评价
			有基于缄默知识的问题解决		
			有缄默知识运用的追踪剖析		
		投入实践活动	有真实而且完整的实践活动		
			能够全身心地浸渍于活动中		
			活动的内容结果均丰富深入		
		感受意义关联	有核心问题的深层意义感受		
			有以知识为中心的关联感受		
			有以个人为中心的关联感受		
		自觉反思体验	有实质性反思活动的开展		
			有课堂新因素的追踪利用		
			有体验的交流与改善重构		
		乐于对话分享	乐于自我的表达与认真的倾听		
			乐于合作中成果与思路的分享		
			有宽容的对话氛围和双向交流		
		认同体验评价	认可体验评价		
			参与体验评价		
			利用体验评价		

续表

核心问题教学实质的简要评价
本节课核心问题教学中的“乐于对话分享”这个二级指标最为凸显。 学生在“自我分析”时，先结合自己成长的故事，以及学生在体验中的表现，引导学生反思自己的兴趣、潜能、特质和价值观。并且学生在书写后，进行分享和展示，小组同学充分体现了乐于自我的表达与认真的倾听。 学生在“行业分析”这一活动中，学生结合自己小组探索的内容进行分析和分享，依据每一个研究探索的环节的特点展开讨论，并且给出问题及调整建议，充分展现出乐于合作中成果与思路的分享，不仅不断加深对行业探索方法的认识，同时加深了对兴趣行业的理解。 学生在“个人成长感悟”这一活动中，学生通过自己认识的角度探索以及在环境探索过程中遇到的一些阻碍和挑战分享，小组同学彼此鼓励并给出对应的一些提升建议，充分展现了班级中有宽容的对话氛围和双向交流。 综上所述，本节课中学生深刻体验到在对话分享中更加深度地理解相关的知识和方法，深刻体验到核心问题的深层意义，因此“乐于对话分享”

川大附中项目课程目标达成点检测表

<table>
<tr><td rowspan="3">基本信息</td><td>执教教师</td><td>张艳茹</td><td>学　　科</td><td>生涯规划</td></tr>
<tr><td>年　　级</td><td>高一</td><td>上课时间</td><td>2022 年 6 月 8 日第 9 节</td></tr>
<tr><td>课题名称</td><td colspan="3">如何成为理想中的自己</td></tr>
<tr><td>核心问题</td><td colspan="4">合理制定自己的生涯规划方案，梳理和改进自己的成长计划</td></tr>
<tr><td rowspan="2">教学目标</td><td>结果性目标</td><td colspan="3">1.使学生认识到确认规划的重要性,激发学生制作自己的个人成长报告。
2.通过结合自身学习情况，从知己、知彼、选择行动等 3 个方面进行总结和反思,并规划自己当下的学习和生活</td></tr>
<tr><td>体验性目标</td><td colspan="3">在反思自己生活规划、参与学习的活动中，体验个人与社会、时代的关联，体验未来生涯规划与现在学习的关联</td></tr>
<tr><td>检测点</td><td colspan="4">未来生涯规划与现在学习关联的体验</td></tr>
<tr><td>检测任务</td><td colspan="4">在整个课程中历经的研究过程，你对未来生涯规划与现在学习关联的体验程度如何？</td></tr>
<tr><td rowspan="4">分类标准</td><td colspan="4">A.能够准确体验未来生涯规划与自我认知、专业分析、行业调查、学习目标、研究实践的关联，并能驱动自己的学习力</td></tr>
<tr><td colspan="4">B.能够体验未来生涯规划与自我认知、专业分析、行业调查、学习目标、研究实践的关联，有一定程度能驱动自己的学习</td></tr>
<tr><td colspan="4">C.能够体验未来生涯规划与自我认知、学习目标、研究实践的关联，有一定程度能驱动自己的学习</td></tr>
<tr><td colspan="4">D.能够体验未来生涯规划与自我认知的关联，能驱动自己的学习内驱力</td></tr>
<tr><td rowspan="5">检测统计</td><td colspan="2">分类等级</td><td>学生人数（总人数 620 人）</td><td>所占百分比</td></tr>
<tr><td colspan="2">A</td><td>330</td><td>53.2%</td></tr>
<tr><td colspan="2">B</td><td>162</td><td>26.1%</td></tr>
<tr><td colspan="2">C</td><td>95</td><td>15.3%</td></tr>
<tr><td colspan="2">D</td><td>15</td><td>2.4%</td></tr>
<tr><td>检测分析结果运用</td><td colspan="4">通过统计学生检测问题的完成情况，得 A 和 B 的学生有 79.3%，说明学生在整个课程中的参与度比较高，对于未来生涯规划与自我认知、专业分析、行业调查、学习目标、研究实践的关联体验较为深入。
得 C 和 D 的学生有 17.7%，说明体验不够深入。通过课后找学生了解，学生思想上对选修课不够重视，没有积极参与课程，对于过程中的活动参与度比较低</td></tr>
<tr><td>体验典型实例</td><td colspan="4">1.生涯意识层面。引导、培养学生和家长建立生涯规划意识是生涯规划教育的首要任务，主要在于了解生涯规划的目的、作用，生涯规划的基本流程，目标与学业之间的关系，专业职业与目标之间的关系。
2.自我认知层面。增强自我认知是生涯规划教育的核心内容，具体方法有内省法、比较法、测试法等，内容包含个人兴趣、人格、能力、价值观、自身资源等，目的是通过自我认知增加学生的适应力、自信心，为目标建立和生涯选择奠定基础。
3.增强外部探索。
对于专业和职业的探索研究，学生和家长参与度很高，反馈最为积极。本学期课程对于行业、职业的探索了解比较深入，学生收获比较大，但存在三方面需要改进的地方。</td></tr>
</table>

续表

检测反馈	本学期在自我认知、专业分析、行业调查、职业访谈、目标梳理等环节都有对应的过程性记录，学生参与度比较高，但还需要更加系统，有些内容过于冗杂，给学生造成了作业负担，同时也明显可以看出学生在研究过程的推进中深入地体会到生涯规划与现在的关联，通过学习，一定程度上提升了研究能力和科学素养

麻醉学行业调查报告

<table>
<tr><th colspan="2">行业分析</th></tr>
<tr><td>行业现状概括
（通过学习了解，你对行业现状的评价有哪些）</td><td>由于麻醉学在临床与科研中的广泛应用，我国大多数医学院校，医学教育系统都开设了麻醉学专业，并有本科、硕士学位、博士学位，更加深了对麻醉学的研究力度与水平。要求学生掌握基础医学、临床医学和麻醉医学等方面的理论知识和技能，能在医疗卫生单位的麻醉科、急诊科、急救中心重症监测治疗病房、药物依靠或戒断及疼痛诊疗等领域从事临床麻醉、急救和复苏、术后监测、生理机能调控等方面工作。学生的毕业去向:进一步攻读深造;国家级医院、省部级医院;医学院校及其附属医院和教学医院;各级医院和科研机构从事临床医疗和教学科研工作。
麻醉学专业就业方向:主要到医疗卫生单位的麻醉科、急诊科、急救中心、重症治疗监测病房、药物依靠戒断及疼痛诊疗等领域从事临床麻醉、急救和复苏、术后监测、生理机能调控等方面的工作。目前麻醉的从业人员学历偏低，研究生以上学历的不多，所以研究生比较容易找工作。可是多数人，包括有的医生，对麻醉学了解不够，以为麻醉师的工作就是把人麻倒，根本看不起麻醉师，除非你在麻醉科实力十分强的医院，否则地位不会太高，很容易受外科、患者的气。可是从另一个方面看，麻醉学的发展前景很广阔，也比较容易混出头，当然，主要还是看你的本事。
麻醉学由于其专业特点明确、适用性强等特点，其毕业生就业方向较多，一次就业率也较高，据中华麻醉学杂志统计:1990-1999年，本科生一次就业率 57.4%，硕士生一次就业率 81%，博士生一次就业率达 89.6%。随着社会主义市场经济的建立和完善，毕业生的自主就业方式大大增加，本专业人才有了更广泛的利用。加之国家近年来颁布的各种毕业生就业政策，更使本专业人才就业前景向好。
麻醉学专业就业前景：截至目前，我国还没有一所专门麻醉教育的大学，可是在各医学院校内已建立了麻醉专业，构成了以北京医科大学、上海同济大学、中山医科大学、吉林大学和第二军医大学为主的教育基地，吸引并培养出了一批批优秀的具有硕士与博士学位又成功介入麻醉有关方面的教育者，着力于本专业的特色建设与科学研究。部分高等医学院校助学会请国内外著名专家与学者来本校进行学术讲座，在如今网络时代，为异地的学者也创造了同样优越的条件。除上述学校外，还有哈尔滨医科大学、首都医科大学、广州医科大学、陕西医科大学、兰州医学院等都开设了麻醉专业。此外还有部分综合性大学也开设了麻醉专业，这为从事麻醉专业学习的人创造了充分的空间。1999 年国家教委号召各高等院校扩大招生和至今很多院校的扩招，使麻醉专业的新生大大增加，并且国内的部分医学专科院校也增开了麻醉专业并开始招生</td></tr>
</table>

续表

行业分析	
行业的代表企业/组织（比如龙头企业等）	江苏恒瑞医药股份有限公司 2000年在上海证券交易所上市，是国内抗肿瘤药和手术用药的研究和生产基地，目前是国内具有创新能力的大型制药企业之一。公司先后被评为“全国医药系统先进集体”“国家重点高新技术企业”，国家火炬计划新医药研究开发及产业化基地的骨干企业之一，“国家863计划成果产业化基地”，连续多年被国家统计局列为全国化学制药行业十佳效益企业；公司是国家“重大新药创制”专项创新药孵化器基地；2010年公司被国家科技部评定为“中国抗肿瘤药物技术创新产学研联盟”的牵头单位；2010年在医药上市企业最具竞争力二十强评选中，公司名列第一；同年，公司以第一名身份入选中国医药工业信息中心发布的“国内最佳研发产品线”。公司连续多年上缴税收在全国化学制药行业里排名第二，连续多年被评为江苏省工业企业纳税大户。2010年公司实现销售收入37.5亿元，利税15亿元，各项经济指标均比2009年同期有大幅增长。2011年，公司组建的国家靶向药物工程技术研究中心成为江苏省医药企业建立的第一家国家级工程技术中心。2011年公司实现销售收入45.5亿元，利税18亿元。 恒瑞医药致力于在抗肿瘤药、手术用药、内分泌治疗药、心血管药及抗感染药等领域的创新发展，并逐步形成品牌优势，其中抗肿瘤药销售已连续7年在国内排名第一，市场份额达12%以上，手术用药销售也名列行业前茅，另有4个原料药通过美国FDA认证。美国FDA官员已于2010年7月到公司进行了制剂的认证检查，其中注射剂的认证是我国首次接受FDA认证，为打造恒瑞医药国际性品牌凝聚辉煌。 恒瑞医药在美国、上海和连云港建有三大研究中心和一个临床医学部，拥有各类高层次专业技术人员800多名，其中有近500名博士、硕士及海归人士，有2人被列入“江苏省高层次创新创业人才引进计划”，并建立了国家级企业技术中心和博士后科研工作站
行业领军人物介绍	姚尚龙教授简介 1956年3月生，国家二级教授、华中学者特聘教授、博士生导师；华中科技大学同济医学院附属协和医院麻醉与危重病医学研究所所长，国家麻醉质控中心副主任，中华医学会麻醉学分会两任副主任委员，中国医师协会麻醉学医师分会第三任会长。 承担12项国家自然科学基金和10余项部省级课题，以第一或通讯作者发表论文423篇，SCI收录47篇。组织中华麻醉学会和中华消化内镜学会，制定《消化内镜诊疗的镇静/麻醉管理》标准。 刘进教授简介 1956年8月生，四川大学华西医院麻醉手术中心主任、麻醉与危重症医学教研室主任、转化神经科学中心主任。完成麻醉2万余例

续表

行业分析	
行业领军人物介绍	在全世界首创围手术期红细胞输注个体化策略，在中国开创围手术期的经食管超声心动图的监测和检查。吸入麻醉的临床研究和应用推动了 20 世纪和 21 世纪中国全身麻醉的推广应用和普及。 我国21世纪现代化住院医师规范化培训的倡导者和实践者。以第一完成人获得国家科技进步二等奖和四川省科技进步二等奖
行业未来发展趋势分析（有哪些政策支持、未来3年或更长远的机会在哪里）	自 2017 年以来，国家密集发布加强我国医院麻醉科建设与发展的文件，如：国家卫健委国卫办医函〔2017〕1191 号文件，要求麻醉科设置门诊和护理单元；国家七部委共同发布的国卫医发〔2018〕21 号文件，对加强和完善麻醉医疗服务提出明确的指导性意见；国卫办医函〔2019〕884 号文件，发布麻醉科医疗服务能力建设指南；2020 年国务院发布国办发〔2020〕34 号文件（国务院办公厅关于加快医学教育创新发展的指导意见），其中有 4 处提到麻醉学科，这在国家文件历史上是少见的。这充分说明了国家对麻醉学科建设的重视与支持。学界普遍认为我国医院麻醉科的建设继 1989 年原卫生部发布 12 号文件后，又迎来了一次历史性发展机遇。但机遇与挑战总是并存的，因此，如何抓住机遇、迎接挑战就成了我国麻醉学人的历史担当。 从前景来看，医学类专业都属于很好就业的专业，麻醉师也不例外。可以说，麻醉师在成功毕业后，只要自己不是太挑，都可以找到一份不错的工作。如果是在医院中的麻醉科、急诊科等从事比较专业的工作，那么在很长一段时间之内会一直都是一名麻醉师，但职位、薪资会随着工作年限的增加而增加。如果是从事临床医疗和教学科研工作，那么发展前景与科研成果有很大的关系，如果有重大科研成果，则会发展成为行业内的专家。 当下麻醉学开始逐渐形成了体系，并且脱离了外科而自成专业，成为了医学二级学科、一级临床科室。麻醉师的收入水平也因此要比过去更好，现在应届毕业生的月薪为 4000~6000 元；工作 3~5 年后，月薪可以达到 7000~10000 元；工作 6~7 年，月薪为 15000 元左右；工作 8~10 年，月薪为 17000 元左右。由于每个城市的收入水平也不太一样，所以实际收入会在这些平均值的基础上适当上下波动
行业风险分析（有可能出现的行业风险有哪些）	麻醉医师风险来源分职业风险和人为风险；前者包括突发事件、麻醉废气、感染、化学物质、辐射、橡胶过敏、磁场、激光、噪声、光污染、仪器设备等；后者包括来源于病人，如隐匿性疾病、突发性疾病、病人的精神状态、病人的素质、个体差异等；来源于手术医师，如手术 医师的技能、手术医师的疏漏、手术医师的知识、与手术医师的人际关系等；来源于我们自己，如知识技术水平、责任心、细心程度、个人性格、对自身职业的认识、疲劳度、自身健康、自杀倾向、是否受过伤害、成瘾等；根据风险的性质又分可避免的风险、不得不承担的风险、可以减少的风险；根据麻醉工作经历不同时段所担当的风险程度和风险种类不同又可分高风险区和低风险区

行业对应的职业	
涉及主要的职业类型	麻醉学专业毕业生就业方向较多，就业前景较好，毕业生主要到医疗卫生单位的麻醉科、急诊科、急救中心、重症监测治疗病房、药物依赖戒断及疼痛诊疗等领域从事临床麻醉、急救和复苏、术后监测、生理机能调控等方面的工作
选择麻醉科医师职业分析	
职业从业要求 （求职应聘要求）	麻醉科医师都应具备下列五项基本素质，这些素质是在住院医师期间通过严格的训练和培养而获得的。 （一）良好的医德医风 最重要的就是有高度的责任心和同情心。麻醉前要掌握全部病情，手术方式和术中可能遇到的问题，认真制定麻醉方案。从麻醉诱导开始直到送回病人都要一丝不苟。只有以维护病人利益为己任，才会有不断提高自己麻醉技术的使命感，并终身为之奋斗。 （二）扎实的基础理论 这包括医学基础理论和麻醉学基础理论，麻醉医师不仅要熟习有关麻醉的解剖学、生理学和药理学等，还要有内外科的基本理论指导。在药理学方面不仅要熟练掌握麻醉药，还要掌握正性肌力药、血管扩张药及阻滞药等。麻醉医师首先是一名医师，其次才是麻醉医师。 （三）熟练的技术操作 除会气管内插管、硬膜外穿刺及神经阻滞等基本功外，还要掌握动、静脉穿刺及中心静脉置管术。有条件的专科医院还应掌握肺动脉插管、经食道超声心动图、听觉诱发电位及脑电图等特殊监测方法，会使用电脑监测系统。 （四）良好的人际关系 麻醉医师之间应有良好的同事关系，因为现代麻醉科的工作不是一个人能完成的。同时麻醉科医师还应和其他科室医师建立良好的合作关系，如和外科医师术前商量，术中及术后密切配合互相协助，正确处理遇到的分歧，态度不卑不亢。必要时应请上级医师协助处理疑难和危重病例。 （五）对突发事件的反应能力 麻醉和手术中常遇不测事件，这时麻醉医师应有冷静的头脑，既要对突发事件有心理和物质(包括药物和器械等)的准备，又要能正确的判断和妥善处理。既不要手忙脚乱，乱用药物或剂量，又不要反应迟钝，而致措手不及。在心肺复苏和危重病人的急救时，就能充分体现前四项的综合实力和水平
职业所需能力模型 （需要具备哪些能力、技能、专业背景等）	麻醉师需要本科以及以上学历，具体条件是：①麻醉相关专业；②持有麻醉专业资格证书，有麻毒药品处方权；③能独立胜任各类手术麻醉，指导术后镇痛、监察；④具有高度的责任心、良好的职业道德、严谨的工作态度，手脚麻利；⑤全面掌握毒麻药物、抢救药物的作用机理以及急救技能。 麻醉师的职责是：①负责麻醉器械、物品、药品的管理工作；

续表

行业对应的职业	
职业所需能力模型（需要具备哪些能力、技能、专业背景等）	②负责麻醉收费、核算、统计及资料装订、分类保管工作；③做好物品及药品使用的统计；④整理麻醉准备室，补充抢救箱的物品、药品
职业发展晋升方式（如何在行业中获得更好的发展）	关键在于加强学习，阅读中外文献，了解麻醉进展，勤于实践和全面提高。
未来可能遇到的发展瓶颈（有哪些因素可能会制约职业发展）	将来的手术室可能会没有麻醉医生，所有的麻醉可能都通过计算机监测系统反馈系统进行遥控，重症监护病房将由呼吸科医生管理，而不再是麻醉科医生。在未来，所有手术将可能由计算机实施和监测，不再需要外科医生以外专门的麻醉医师，也许机器人可以完成气管内插管
个人反思与总结	
在当下来看，麻醉学不论是就政策还是就未来发展前景来说，都是收入较高，工作易找且较稳定的行业。且现如今中国医院，医生都较紧缺，属于是比较好的行业。 在未来来看，麻醉或许会被机器人替代，但从现在的科技手段来说，并不是那么简单，麻醉也依旧有良好的前景	

探寻川菜之魂——四川特色配菜制作探究

“探寻川菜之魂——四川特色配菜制作探究”课程开发规划纲要

课程首席教师：苏梅（总务后勤处）

课程参与教师：闵守东　刘淑君（总务后勤处）

<table>
<tr><td>课程名称</td><td colspan="8">探寻川菜之魂——四川特色配菜制作探究</td></tr>
<tr><td>课程类型
（勾选）</td><td></td><td>必修的综合实践活动课程</td><td></td><td>必修的劳动课程</td><td></td><td>选修的学科课程</td><td>√</td><td>选修的校本课程</td></tr>
<tr><td>实施对象</td><td colspan="4">高一学生</td><td colspan="2">建议选课学生人数</td><td colspan="2">15人</td></tr>
<tr><td>课程课时及上课时段</td><td colspan="8">综合实践/劳动课程时间</td></tr>
<tr><td>课程背景</td><td colspan="8">学生背景
川菜作为中国传统四大菜系之一，早已蜚声海内外，是四川靓丽的名片，是省外人“来了就不想走”的缘由，也是散落世界各地川人魂牵梦萦之味。作为四川人，同学们是从小吃着川菜长大的，胃口已经被川菜“惯坏”了。同学们长大后，离开父母离开四川甚至漂洋渡海求学、工作，在外地即便吃到饭店里的川菜也已经不是记忆中的味道了。求人不如求己，赶快把川菜学起来，为自己为父母为将来的那个她（他）做一道美味的家乡菜，在高中阶段习得如此的“关键能力”，必定让同学们终身受益！
本期课程是学校开发的劳动课程“探寻川菜之魂”系列课程的第一个系列，从川菜的特色配菜制作入手，同学们通过研习、观摩、探究、制作、反思、改进、创新等过程，掌握泡菜、腌菜、盐蛋、豆腐乳和豆瓣酱的制作方法，在此过程中探寻川菜之魂，体验劳动带来的身心之乐，感悟“劳动创造美好生活、研究照亮幸福人生”。
资源背景
学校食堂大厨擅长制作川菜，特别是家常特色配菜，能够充分体现香、辣、鲜，一口入魂的川菜味。学校食堂具备开设课程的师资、物资和场所。结合信息技术，制作教学用PPT、网络下载川菜制作视频、录制操作演示视频、制作分步讲解视频。探究过程中，手工记录整理信息与计算机软件分析处理信息相结合，得出和验证探究结果</td></tr>
<tr><td>课程内容
（核心问题）</td><td colspan="8">研习四川特色配菜制作知识，探究影响配菜口味的因素，动手制作四川特色配菜，撰写研制小报告</td></tr>
</table>

<table>
<tr><td>课程目标</td><td colspan="6">结果性目标
了解四川特色配菜制作相关知识，掌握制作方法和操作技巧，研究选料、配方、环境、工序等影响配菜口味的因素，动手制作四川特色配菜。
体验性目标
在制作川菜配菜、探寻川菜之魂的活动中，体验川菜不同配菜制作之间的关联；体验口味与选料、配方、环境、工序等的关联；体验劳动与美好生活的关联；体验身体性劳动与研究之间的关联。</td></tr>
<tr><td rowspan="4">课次计划</td><td>课次</td><td>主题</td><td>研究环节</td><td>学生活动</td><td>课前课后任务</td><td>活动地点及技术融入</td></tr>
<tr><td>1</td><td>川菜必备——麻辣豆瓣酱</td><td>发现问题、组建团队、动手制作
</td><td>学习川菜文化相关知识，观摩学习麻辣豆瓣酱的制作方法，分组设计制作方案，包括选料、配方、工序等，并动手制作</td><td>查阅资料，了解麻辣豆瓣酱有怎样的前世今生，开启探寻川菜之魂之路 。
本次课后，每隔两天观察记录制作的豆瓣酱的变化。豆瓣酱制作成熟后，分组自评、互评</td><td>启茗轩、PPT、视频</td></tr>
<tr><td>2</td><td>酸爽脆甜餐桌必备——四川泡菜</td><td>分组设计配方、作品试制
</td><td>了解四川泡菜制作的要点，分组研究设计泡菜配方，并尝试按照设计的配方制作泡菜</td><td>查阅资料了解四川家庭必备，餐桌不可缺的四川泡菜背后蕴含的餐饮文化，比较各组同学不同配方泡菜的味道，思考配方与口味之间的关联</td><td>启茗轩、PPT、视频</td></tr>
<tr><td>3</td><td>饭扫光——香辣腌菜</td><td>记录写实、整理资料
</td><td>学习饭扫光的主要配料，分组研制配方，动手制作腌菜。做好记录写实，并整理三次课的相关资料</td><td>如何将美味小菜、下饭百搭，再也不用妈妈担心你吃不下饭的“饭扫光”做得更美味？探索“饭扫光”主料、辅料及比例与味道之间的关联</td><td>启茗轩、PPT、视频</td></tr>
</table>

续表

课次计划	4	稀饭伴侣——盐蛋	反思研讨、撰写报告 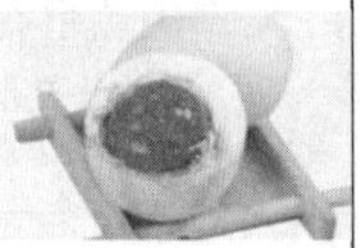	分组选择不同的家禽蛋,研制不同的盐蛋配方,动手制作盐蛋。反思研讨几次课的问题解决过程,撰写制作小报告	了解盐蛋的选料和制作的方法，尝试选用多种家禽的蛋制作盐蛋，用不同的配方制作，比较哪种蛋制作的盐蛋口感最好	启著轩、PPT、视频
	5	稀饭馒头最佳搭档——豆腐乳	自评互评、修改报告 	研制不同口味豆腐乳制作的配方,选取不同的温湿度和光照环境作为对照研制制作,分组自评互评,完善报告	了解豆腐乳制作的全过程，观察记录不同环境下，豆腐乳从豆腐发酵为豆腐乳的全过程。对比各组不同配方、不同外部环境制作的豆腐乳的口感	启著轩、PPT、视频
学生作品	制作五款四川特色配菜					
评价方式	评价学生课堂实操过程、课后观察记录分析及创作的成品					
安全保障	学生在校参与课程，授课教师管理学生安全					
条件保障	课程开发组外部保障：学校总务后勤处提供师资、物资和场地。 课程开发组内部保障：课程首席和参与教师负责课程开发和授课，总务后勤处负责资料收集					
开发次第	本课程为第一次开发					
课程审批	1.课程教学处： 签 章 年 月 日 2.学生发展处： 签 章 年 月 日					

“探寻川菜之魂——四川特色配菜制作探究”教学设计

一、教学设计分析

1. 学生分析

川菜作为中国传统四大菜系之一，早已蜚声海内外，是四川靓丽的名片，是省外人“来了就不想走”的缘由，也是散落世界各地川人魂牵梦萦之味。作为四川人，同学们是从小吃着川菜长大的，胃口已经被川菜“惯坏”了。同学们长大后，离开父母离开四川甚至漂洋渡海求学、工作，在外地即便吃到饭店里的川菜也已经不是记忆中的味道了。求人不如求己，赶快把川菜学起来，为自己为父母为将来的那个她（他）做一道美味的家乡菜，在高中阶段习得如此的“关键能力”，必定让同学们终身受益！

2. 活动分析

本期课程是学校开发的劳动课程“探寻川菜之魂”系列课程的第一个系列，从川菜的特色配菜制作入手，同学们通过研习、观摩、探究、制作、反思、改进、创新等过程，掌握泡菜、腌菜、盐蛋、豆腐乳和豆瓣酱的制作方法，在此过程中探寻川菜之魂，体验劳动带来的身心之乐，感悟“劳动创造美好生活、研究照亮幸福人生”。

3. 目标分析

（1）结果性目标。

了解四川特色配菜制作相关知识，掌握制作方法和操作技巧，研究选料、配方、环境、工序等影响配菜口味的因素，动手制作四川特色配菜。

（2）体验性目标。

在制作川菜配菜、探寻川菜之魂的活动中，体验川菜不同配菜制作之间的关联；体验口味与选料、配方、环境、工序等的关联；体验劳动与美好生活的关联；体验身体性劳动与研究之间的关联。

4. 资源分析

学校食堂大厨擅长制作川菜，特别是家常特色配菜，能够充分体现香、辣、鲜，一口入魂的川菜味。学校食堂具备开设课程的师资、物资和场所。结合信息技术，制作教学用 PPT、网络下载川菜制作视频、录制操作演示视频、制作分步讲解视频。

教学资源	选用意图	来源	能力点
PPT、视频投影	用于教学引入、讲解、演示、展示	教师制作、网络搜集	B1、B3
食材	用于学生观察、制作	食堂大宗食品原粮	B3

5. 核心问题分析

研习四川特色配菜制作知识，探究影响配菜口味的因素，动手制作四川特色配菜，撰写研制小报告。

在学习、实践和研究中，了解川菜相关知识，掌握泡菜、腌菜、盐蛋、豆腐乳和豆瓣酱的制作方法，能够独立完成这五种特色配菜的制作，撰写制作小报告。

二、教学实施设计

1. 教学环节

环节	学生活动	教师活动	设计意图	技术与教育教学融合
提出问题	发现问题、进入问题情境	展示中国四大名菜，点出川菜的地位，提出研究问题	明确本课程主题，引出本节课任务：川菜必备——麻辣豆瓣酱	多媒体课件 B3
解决问题	组建团队、动手制作。 查阅资料，了解麻辣豆瓣酱有怎样的前世今生，开启探寻川菜之魂之路。 学习川菜文化相关知识，观摩学习麻辣豆瓣酱的制作方法，分组设计制作方案，包括选料、配方、工序等，并动手制作。 本次课后，每隔两天观察记录制作的豆瓣酱的变化。豆瓣酱制作成熟后，分组自评、互评	讲解麻辣豆瓣酱选材、配料、制作的方法，展示过程。 巡视指导学生的实践	指导学生实践探索，小组合作制作麻辣豆瓣酱	多媒体展示 B3
反思提升	对比分析自己小组和其他小组制作的豆瓣酱的差异，探究原因	引导学生观察对比，对小组的劳动成果进行自评互评	反思总结，为下次课任务的完成打好基础	多媒体展示自评 B3、B9

2. 评价预设

提出问题环节：明确本节课的具体任务川菜必备——麻辣豆瓣酱，营造合作探究的课堂氛围，激发学生亲自动手制作麻辣豆瓣酱的热情。

解决问题环节：鼓励学生认真听讲，仔细观察、深入分析、动手实践，通过小组分工协作，完成本次课程的探究的内容。

反思提升环节：引导通过观察对比，交流想法，调动反思。通过小组自评互评，深入分析，相互借鉴。

3. 板书设计

探寻川菜之魂——四川特色配菜制作探究（第 1 次课） 川菜必备——麻辣豆瓣酱 核心问题：研习四川特色配菜制作知识，探究影响配菜口味的因素，动手制作四川特色配菜，撰写研制小报告。 开门七件事：柴、米、油、盐、酱、醋、茶 中国四大菜系 麻辣豆瓣酱制作

4. 教学流程图

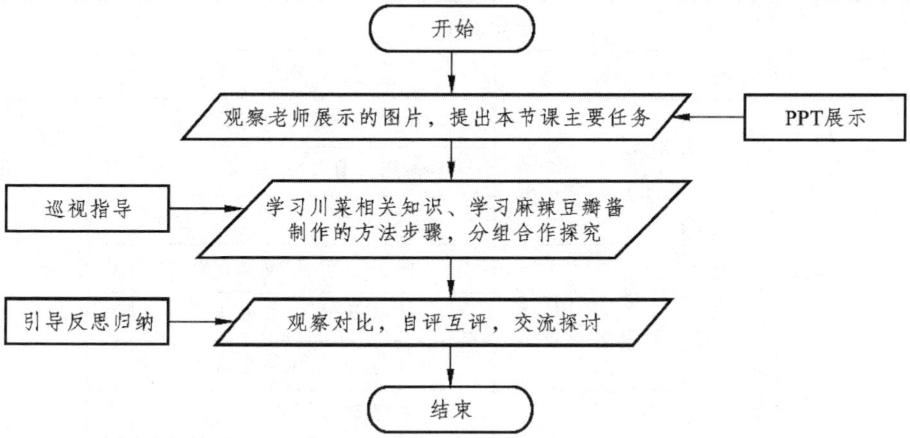

三、教后评价设计

1. 信息搜集

本门劳动课将学生分成 5 个小组，展开探究和学习，课后查看学生的学习记录、研习记录，观察学生制作的成果。

2. 自我评价

各个小组的学生经历了理论知识的学习、食材的观察、操作过程的观察，到分工合作，亲身全程参与到麻辣豆瓣酱制作的过程中。每一个环节都深深吸引了学生，积极投入学习活动中，在观察分析的基础上，学生们进行了总结概括，成功地制作出了色泽鲜香的豆瓣酱。课程目标达成度好。

3. 反馈调整

课程参与学生的劳动实践能力差异较大，有少数学生在家做家务，能够很好地完成任务，并帮助其他同学。多数学生家务做得很少，连洗菜都不会，更不要说切菜、炒菜了。针对此情况，下节课补充讲解家务劳动最基本的常识，练习洗菜、切菜的做菜基本功。

项目课程核心问题教学评价表

<table>
<tr><td rowspan="2">评价目标</td><td colspan="3">评价指标</td><td rowspan="2" colspan="2">评价结果</td></tr>
<tr><td>一级指标</td><td>二级指标</td><td>三级指标</td></tr>
<tr><td rowspan="30">实现活动体验中的学习与发展</td><td rowspan="12">具有核心问题教学形态</td><td rowspan="3">核心问题
利于活动体验</td><td>内含客观问题和学生活动方式</td><td>8</td><td rowspan="12">每项指标最高评8分

合计<u>92</u>分</td></tr>
<tr><td>问题情景与真实生活密切相关</td><td>8</td></tr>
<tr><td>能引发新知识、新方法的生成</td><td>8</td></tr>
<tr><td rowspan="3">教学目标
价值引导恰当</td><td>两类目标正确全面</td><td>8</td></tr>
<tr><td>关联体验目标恰当</td><td>8</td></tr>
<tr><td>目标价值引导显现</td><td>8</td></tr>
<tr><td rowspan="3">教学环节
完整合理落实</td><td>教学环节清晰完整</td><td>7</td></tr>
<tr><td>环节内容合理充实</td><td>7</td></tr>
<tr><td>学生活动时间充分</td><td>8</td></tr>
<tr><td rowspan="3">教学要素
相互匹配促进</td><td>问题目标环节两两匹配</td><td>7</td></tr>
<tr><td>技术促进活动形式内容</td><td>7</td></tr>
<tr><td>课程特点突出氛围浓郁</td><td>8</td></tr>
<tr><td rowspan="18">具有核心问题教学实质</td><td rowspan="3">拓展学习视野</td><td>课程与现实世界有恰当关联</td><td rowspan="18" colspan="2">选择一个表现突出的二级指标，在相应三级指标引导下，以现场学生表现为依据，于本表的第二页写出150字以上的简要评价</td></tr>
<tr><td>有基于缄默知识的问题解决</td></tr>
<tr><td>有缄默知识运用的追踪剖析</td></tr>
<tr><td rowspan="3">投入实践活动</td><td>有真实而且完整的实践活动</td></tr>
<tr><td>能够全身心地浸渍于活动中</td></tr>
<tr><td>活动的内容结果均丰富深入</td></tr>
<tr><td rowspan="3">感受意义关联</td><td>有核心问题的深层意义感受</td></tr>
<tr><td>有以知识为中心的关联感受</td></tr>
<tr><td>有以个人为中心的关联感受</td></tr>
<tr><td rowspan="3">自觉反思体验</td><td>有实质性反思活动的开展</td></tr>
<tr><td>有课程新因素的追踪利用</td></tr>
<tr><td>有体验的交流与改善重构</td></tr>
<tr><td rowspan="3">乐于对话分享</td><td>乐于自我的表达与认真的倾听</td></tr>
<tr><td>乐于合作中成果与思路的分享</td></tr>
<tr><td>有宽容的对话氛围和双向交流</td></tr>
<tr><td rowspan="3">认同体验评价</td><td>认可体验评价</td></tr>
<tr><td>参与体验评价</td></tr>
<tr><td>利用体验评价</td></tr>
</table>

续表

核心问题教学实质的简要评价
本课程核心问题教学实质较为突出的是投入实践活动。 本课程是处室开发的劳动课程，具有很突出的实践属性。川菜制作是每个四川家庭生活必备的基本能力，五次课需要完成五个配菜从选材开始，到洗菜、切菜、制作、成品装罐，全过程有着真实而且完整的实践活动。学生品尝了大厨闵师傅制作的成品，激发了他们亲手学习制作的热情，能够全身心地沉浸于活动中。每次课程的内容不仅限于配菜制作，还涉及配菜与肉菜配合烹、炒的活动，活动内容和结果都丰富而深入。学生收获丰富体验深刻

川大附中项目课程目标达成点检测表

<table>
<tr><td rowspan="4">基本信息</td><td>课程名称</td><td colspan="3">探寻川菜之魂——四川特色配菜制作探究</td><td>课程类别</td><td colspan="3">必修的
劳动课程</td></tr>
<tr><td>首席教师</td><td colspan="3">苏梅</td><td>组/处</td><td colspan="3">总务处</td></tr>
<tr><td>参与教师</td><td>闵守东</td><td>组/处</td><td>总务处</td><td>参与教师</td><td>刘淑君</td><td>组/处</td><td>总务处</td></tr>
<tr><td>年　　级</td><td colspan="2">高一</td><td colspan="2">上课时间</td><td colspan="3">周二下午三、四节</td></tr>
<tr><td>核心问题</td><td colspan="8">研习四川特色配菜制作知识，探究影响配菜口味的因素，动手制作四川特色配菜，撰写研制小报告</td></tr>
<tr><td rowspan="2">课程目标</td><td>结果性目标</td><td colspan="7">了解四川特色配菜制作相关知识，掌握制作方法和操作技巧，研究选料、配方、环境、工序等影响配菜口味的因素，动手制作四川特色配菜</td></tr>
<tr><td>体验性目标</td><td colspan="7">在制作川菜配菜、探寻川菜之魂的活动中，体验川菜不同配菜制作之间的关联；体验口味与选料、配方、环境、工序等的关联；体验劳动与美好生活的关联；体验身体性劳动与研究之间的关联</td></tr>
<tr><td>检测点</td><td colspan="8">四川特色配菜的口感与配方的关联</td></tr>
<tr><td>检测任务</td><td colspan="8">观察制作的特色配菜色泽、嗅特色配菜的气味、尝特色配菜的味道，比较不同配方四川特色配菜的口感</td></tr>
<tr><td rowspan="4">分类标准</td><td colspan="8">A. 能够选择恰当的四川特色配菜制作配方，制作出色泽、气味和口感具有四川特色的配菜</td></tr>
<tr><td colspan="8">B. 能够选择恰当的四川特色配菜制作配方，制作出气味和口感具有四川特色的配菜</td></tr>
<tr><td colspan="8">C. 能够选择四川特色配菜制作配方，制作出口感具有一定四川特色的配菜</td></tr>
<tr><td colspan="8">D. 不能选择恰当的四川特色配菜制作配方，制作出的配菜口感不具有四川特色</td></tr>
<tr><td rowspan="5">检测统计</td><td colspan="2">分类等级</td><td colspan="3">学生人数（总人数 15 人）</td><td colspan="3">所占百分比</td></tr>
<tr><td colspan="2">A</td><td colspan="3">9</td><td colspan="3">60%</td></tr>
<tr><td colspan="2">B</td><td colspan="3">4</td><td colspan="3">27%</td></tr>
<tr><td colspan="2">C</td><td colspan="3">2</td><td colspan="3">13%</td></tr>
<tr><td colspan="2">D</td><td colspan="3">0</td><td colspan="3">0%</td></tr>
<tr><td>检测分析结果运用</td><td colspan="8">通过统计检测学生制作完成情况：
得 A 的学生有 60%，能够选择恰当的四川特色配菜制作配方，制作出色泽、气味和口感具有四川特色的配菜。
得 B 的学生有 27%，能够选择恰当的四川特色配菜制作配方，制作出气味和口感具有四川特色的配菜。
得 C 的学生有 13%，能够选择四川特色配菜制作配方，制作出口感具有一定四川特色的配菜
得 D 的学生有 0%。
所有的学生都制作出口感具有四川特色的配菜，掌握了制作川菜的基础技能，为下学期进一步学习打下基础</td></tr>
</table>

续表

体验典型实例	得A的学生有60%，能够选择恰当的四川特色配菜制作配方，制作出色泽、气味和口感具有四川特色的配菜。  
检测反馈	通过对各组制作的配菜成果从色泽、气味和口感三个方面进行评价反馈，可以比较客观地对制作的成果进行检测评价，感受口感与配方之间的关联

“探寻川菜之魂——四川特色配菜制作探究”实践报告

我给家人做道菜

龙钇璁

Dish 1 椰子鸡

食材：

一只肥美的乌骨鸡、一个新鲜的大椰子、红枣、枸杞、菌菇类、葱姜蒜料酒等辅料

步骤：

1.将整只鸡先放入葱姜蒜料酒焯水炖煮一段时间，待到鸡肉半熟后取出切成几个大块备用。(不可煮太久,不然肉会散掉后变柴)

2. 拿出椰子，撬开它坚硬的外壳后倒出清甜的椰子水作为汤底。再将白白嫩嫩的椰肉切成条或者切成片，放到一旁备用。

3. 将 3~5 颗红枣用清水淘洗后去核，避免上火。还可加入一些黄花菜，菌笋类等蔬菜作为提鲜。

4. 将已准备好的食材一起倒入砂锅中进行长达三小时的炖煮就可以享用椰子的清甜和鸡肉的鲜美啦！

Dish 2 清蒸鲈鱼

食材：

一条大鲈鱼、蒸鱼豉油、香菜葱花、葱姜蒜料酒、米酒野菇、金针菇、香菇等各种菌菇类。

步骤：

1. 一半姜葱切细丝泡水备用（装饰用）。

2. 鲈鱼画花刀，用半汤匙蒸鱼豉油、料酒、香葱、姜丝、盐、胡椒粉腌渍五分钟，腌渍的葱姜铺下面。

3. 鱼身上撒点香葱姜丝，淋半汤勺蒸鱼豉油，开水上锅，蒸四分钟倒掉蒸鱼盘里的水，放三汤匙米酒继续蒸三分钟，最后再焖五分钟。

4. 将鱼取出来，将调制好的烧热的汤汁浇在鱼身上，完美出锅！

蒜泥空心菜制作心得体会

巫佳蔚

本次烹饪的菜品为蒜泥空心菜，其含有丰富的钙与钾，有利于血管张力，故选做蒜泥空心菜。首先需洗净沥干空心菜水分，摘为一寸长的短截，以便快火熟透和入味。再用刀侧拍蒜泥要先置于沥干水分的空心菜上，一并下锅，可避免炒煳蒜泥，在这期间，爆炒的油温高、易飞溅，一定注意穿戴手套等防护用品，下油前控干炒勺水分，或下少量盐于油中，以减少飞溅。蒜泥空心菜的技术核心，即在控制温度，火候上，一是要根据炉具情况，本人采用猛火炉具；二是注意下菜前，油要均匀覆盖整个炒勺；三是炒至蒜香涌出，叶软嫩绿即可起锅，蔬菜忌久炒，起锅前均匀加盐、味精适量。最后，分享一个小窍门，蔬菜盛装切忌捂盖，绿叶蔬菜中都含有不同量的硝酸盐，炒热后捂盖时，硝酸盐就会还原为亚硝酸盐，容易引起中毒；加之蔬菜的叶绿素中含有镁，捂盖会被蔬菜的有机酸（内含氢离子）替代出来，生成一种黄绿色的物质，因此变色变味。

这次家庭烹饪，我不仅掌握了一项烹饪技术，更是在生活中发现了一些反应原理，受益匪浅。在烹饪前精心选取的食材，了解烹饪步骤。炒菜过程中加入了一些自己的想法，所以即使只是简单的一次烹饪，但是过程中也收获了一些知识，实现劳动价值。

插花艺术——节日花礼创作

“插花艺术——节日花礼创作”课程开发规划纲要

课程首席教师：苏梅（总务后勤处）

课程参与教师：陈超　李开山（总务后勤处）

<table>
<tr><td>课程名称</td><td colspan="8">插花艺术——节日花礼创作</td></tr>
<tr><td>课程类型
（勾选）</td><td></td><td>必修的综合实践活动课程</td><td></td><td>必修的劳动课程</td><td></td><td>选修的学科课程</td><td>√</td><td>选修的校本课程</td></tr>
<tr><td>实施对象</td><td colspan="3">高一、高二学生</td><td colspan="2">建议选课学生人数</td><td colspan="3">25 人</td></tr>
<tr><td>课程课时及上课时段</td><td colspan="8">学校综合实践课或劳动课程时间</td></tr>
<tr><td>课程背景</td><td colspan="8">学生背景
学生生活和学习过程中经常会接触花艺，学生发展处在本学期要举行插花艺术比赛，现代人的日常生活常有鲜花的陪伴。节日，是人们围绕特定的主题表达自己欢乐心情的时刻，近来，人们更注重家庭的亲情与纽带，特殊的日子，为表达亲人之间、朋友之间、同学之间的情谊和升学祝贺，完成一款别致的花，往往能带来意想不到的惊喜和感动。
本期课程主要内容涉及：①母亲节主题花艺——“恩情恒久” ②父亲节主题花艺——“爱的力量” ③儿童节主题花艺——“欣欣向荣” ④端午节主题花艺——“问候” ⑤中学毕业主题花艺—花束设计“祝贺”。
资源背景
我校教职员工和为校园建设提供支持的专家中有不少人精通花艺，学校生物园地有一些花卉植物，开设课程的师资、物资和场所都具备。结合信息技术，制作教学用 PPT、网络下载节庆主题花艺视频、录制操作演示视频、制作分步讲解视频</td></tr>
<tr><td>课程内容
（核心问题）</td><td colspan="8">研习插花艺术创作知识，结合节庆寓意创作节庆主题花艺作品，撰写探究小论文</td></tr>
<tr><td>课程目标</td><td colspan="8">结果性目标
通过以节庆和特殊时刻为主题，了解艺术插花的创作思路、学习基础理论和操作技巧，创作不同节庆花艺作品。
体验性目标
体验不同主题的插花创作之间的关联；体验插花创作与节庆的关联；体验劳动与美好生活的关联。感受节庆花艺在生活中的运用</td></tr>
</table>

续表

课次计划	课次	主题	研究环节	学生活动	课前课后任务	活动地点及技术融入
	1	“恩情恒久”——母亲节插花	发现问题、组建团队，动手制作	研习母亲节花艺设计要点、插花花材修剪与整形技巧。紧扣主题、表达到位	查阅资料，开启学习插花之路。学习理解欧式插花的特点，了解母亲节的花材选择与色彩要求	博雅讲堂，PPT、视频
	2	“爱的力量”——父亲节插花	制订方案、作品试制	研习东方式插花技巧的运用、造型与空间设计。掌握父亲节花艺设计要点，紧扣主题表达到位	学习理解中式插花的特点，了解父亲节的花材选择与色彩要求	博雅讲堂，PPT、视频
	3	“欣欣向荣”——儿童节插花	记录写实、整理资料	研习组群与层次、色彩与焦点的运用。造型优美、色彩和谐	如何将“花”插得更美？探索花叶材的方向与整体形态的动感	博雅讲堂，PPT、视频
	4	“问候”——端午节插花	反思研讨、撰写成果	研习直立式花型设计要点，结合节庆元素再现节日气氛，体现民族特色	查阅资料，了解端午节的由来和习俗	博雅讲堂，PPT、视频
	5	“祝贺”——毕业主题花礼	自评互评、修改报告	研习花束设计、材料选择制作步骤，捆绑技巧符合花束设计使用要求，携带方便 美观大方	思考花体、装饰、手柄的比例关系	博雅讲堂，PPT、视频
学生作品	创作以节日为主题的花艺作品					
评价方式	评价学生课堂实操过程和创作的成品					
安全保障	学生在校参与课程，授课教师管理学生安全					

续表

条件保障	课程开发组外部保障：学校总务后勤处、课程教学处提供师资、物资和场地。 课程开发组内部保障：课程首席和参与教师负责课程开发和授课，总务后勤处负责资料收集
开发次第	本课程为第七次开发
课程审批	1.课程教学处：　　签　章　　年　月　日 2.学生发展处：　　签　章　　年　月　日

“中学毕业主题花艺——花束设计‘祝贺’”教学设计

一、教学设计分析

1. 课程背景

培养学生对身边植物、花卉的关注：即美妙心发现；培养学生的奇思妙想，通过灵巧的双手去创造美。

插花艺术基本技能训练是花艺自由创作的必经之路，学生从节日花礼中了解节日用花意义和不同种类花的花语。现代人的节日常有鲜花的陪伴，从新年伊始的元旦、春节到岁末的圣诞，一个接一个的节日，在特殊的日子里，插上一盆具有节日寓意的花，为节日增添喜庆和氛围。

为什么要自己动手节日插花？

因为节日花礼是插花艺术的一个重要分支，不仅要以植物的枝、叶、花、果作为素材，还要配以恰当的辅材，通过挖掘节日元素，经过一定的人为技术（修剪、整枝、弯曲、粘贴、捆绑、组合等），利用花艺设计的手法与技巧，将节日意象用插花的方式表达出来。

2. 学生分析

热爱生活，对美有追求，对插花有兴趣，喜欢动手善于分享。

3. 目标分析

（1）结果性目标。

通过老师的讲解和示范，以单独和小组合作的形式，在老师的带领下自己动手的学习方式，掌握母亲节主题花艺——“恩情恒久”；父亲节主题花艺——“爱的力量”；儿童节主题花艺——“欣欣向荣”；端午节主题花艺——“问候”；中学毕业主题花艺——花束设计“祝贺”等节日插花的特性及几款常用节日插花的创作，并能在此基础上举一反三。

（2）体验性目标。

在参与制作插花作品的活动中，体验作品与中西方文化的关联，作品制作与材料选取、色彩造型、动手实践的关联。

4. 主题分析

本课程以节日元素、插花基础（点、线、面、几何构图、捆绑、粘贴等）构成为入门，分别实操盆花、花篮、礼仪花束等插花制作，合理安排一学期5次10节课程，通过理论讲解及学生动手参与，了解插花基本理论知识，掌握不同节日插花制作技巧，并鼓励学生课后自己动手练习作品。

本门课程的核心问题为：学习制作插花作品，探究节日插花特点和主题寓意。

二、教学实施设计

教学环节	教师活动	学生活动	设计意图
提出问题	领会核心问题	核心任务：了解礼仪花束的特点，探究礼仪插花的特点	明确任务 引起关注
解决问题	1. 学生动手 2. 小组合作 3. 归纳总结	活动 1：对花叶材进行整理、修剪与造型 活动 2：学习礼仪花束的制作方法与步骤 活动 3：欣赏自己亲手制作的花束，总结问题	让学生亲手制作，感受铺材在花束中的作用，了解社交场所礼仪花的运用
反思提升	交流分享、思考探究	思考：常用花材的识别、花语如何选购及养护保鲜技巧在制作过程中的作用	探究不同类型花材在插花过程的发挥的作用
运用反馈	独立鉴赏 展示点评	对比修改作品，了解花叶材在花束中的运用	通过直观的欣赏体验插花的乐趣

三、教后评价设计

1. 信息搜集

本门劳动课将学生分成 5 个小组，展开探究和学习，课后查看学生的学习记录、研习记录，观察学生制作的成果。

2. 自我评价

各个小组的学生经历了理论知识的学习、插花的观察、操作过程的观察，到分工合作，亲身全程参与到插花的过程中。每一个环节都深深吸引了学生，积极投入学习活动中，课程目标达成度好。

3. 反馈调整

课程参与学生的劳动实践能力差异较大，在观察分析的基础上，学生们进行了总结概括，对花束设计插花技巧掌握较好，对花束中包装纸的折叠，花体、装饰、手柄的比例关系掌握不好，需要多练习。

项目课程核心问题教学评价表

<table>
<tr><th rowspan="2">评价目标</th><th colspan="3">评价指标</th><th rowspan="2" colspan="2">评价结果</th></tr>
<tr><th>一级指标</th><th>二级指标</th><th>三级指标</th></tr>
<tr><td rowspan="30">实现活动体验中的学习与发展</td><td rowspan="12">具有核心问题教学形态</td><td rowspan="3">核心问题利于活动体验</td><td>内含客观问题和学生活动方式</td><td>8</td><td rowspan="12">每项二级指标最高评10分

合计__92__分</td></tr>
<tr><td>问题情景与真实生活密切相关</td><td>8</td></tr>
<tr><td>能引发新知识、新方法的生成</td><td>8</td></tr>
<tr><td rowspan="3">教学目标价值引导恰当</td><td>两类目标正确全面</td><td>7</td></tr>
<tr><td>关联体验目标恰当</td><td>7</td></tr>
<tr><td>目标价值引导显现</td><td>8</td></tr>
<tr><td rowspan="3">教学环节完整合理落实</td><td>教学环节清晰完整</td><td>8</td></tr>
<tr><td>环节内容合理充实</td><td>7</td></tr>
<tr><td>学生活动时间充分</td><td>8</td></tr>
<tr><td rowspan="3">教学要素相互匹配促进</td><td>问题目标环节两两匹配</td><td>7</td></tr>
<tr><td>技术促进活动形式内容</td><td>8</td></tr>
<tr><td>课程特点突出氛围浓郁</td><td>8</td></tr>
<tr><td rowspan="18">具有核心问题教学实质</td><td rowspan="3">拓展学习视野</td><td>课程与现实世界有恰当关联</td><td rowspan="18" colspan="2">选择一个表现突出的二级指标，在相应三级指标引导下，以现场学生表现为依据，于本表的第二页写出150字以上的简要评价</td></tr>
<tr><td>有基于缄默知识的问题解决</td></tr>
<tr><td>有缄默知识运用的追踪剖析</td></tr>
<tr><td rowspan="3">投入实践活动</td><td>有真实而且完整的实践活动</td></tr>
<tr><td>能够全身心地浸渍于活动中</td></tr>
<tr><td>活动的内容结果均丰富深入</td></tr>
<tr><td rowspan="3">感受意义关联</td><td>有核心问题的深层意义感受</td></tr>
<tr><td>有以知识为中心的关联感受</td></tr>
<tr><td>有以个人为中心的关联感受</td></tr>
<tr><td rowspan="3">自觉反思体验</td><td>有实质性反思活动的开展</td></tr>
<tr><td>有课程新因素的追踪利用</td></tr>
<tr><td>有体验的交流与改善重构</td></tr>
<tr><td rowspan="3">乐于对话分享</td><td>乐于自我的表达与认真的倾听</td></tr>
<tr><td>乐于合作中成果与思路的分享</td></tr>
<tr><td>有宽容的对话氛围和双向交流</td></tr>
<tr><td rowspan="3">认同体验评价</td><td>认可体验评价</td></tr>
<tr><td>参与体验评价</td></tr>
<tr><td>利用体验评价</td></tr>
</table>

续表

核心问题教学实质的简要评价
本课程核心问题教学实质比较突出的是投入实践活动。 插花艺术基本技能训练是花艺自由创作的必经之路，学生从节日花礼中了解节日用花意义和不同种类花的花语。现代人的节日常有鲜花的陪伴，从新年伊始的元旦、春节到岁末的圣诞，一个接一个的节庆，在特殊的日子里，插上一盆具有节日寓意的花，为节日增添喜庆和氛围，既能满足个人的情感需求，也是日常生活娱乐和美化的方式。插花艺术系列课程总务后勤处已连续七次开发实施，并作为学校处室开发的综合实践活动课程而固化和系列化，深受学生的喜爱。本期的插花艺术课程作为日常生活类劳动课程进行开发，期望同学们在学习插花艺术知识、文化、技能的同时，能够根据主题产生构思，根据构思来选材，遵循相应的创作法则，创作出优美的花艺造型，借此表达主题、传递感情、展示情趣，美化校园和家庭。提高审美情趣，学会欣赏美、创造美，获得精神的愉悦和劳动创造美好生活的体验

川大附中项目课程体验性目标点检测表

<table>
<tr><td rowspan="5">基本信息</td><td>首席教师</td><td colspan="2">苏梅</td><td>组/处</td><td>总务处</td></tr>
<tr><td>参与教师</td><td colspan="2">陈超</td><td>组/处</td><td>总务处</td></tr>
<tr><td>参与教师</td><td colspan="2">郭彪　张红琼</td><td>组/处</td><td>体育组</td></tr>
<tr><td>年　级</td><td>高一、高二</td><td>上课时间</td><td colspan="2">周二、周三下午三、四节</td></tr>
<tr><td>课程名称</td><td colspan="4">插花艺术——节日花礼创作</td></tr>
<tr><td>核心问题</td><td colspan="5">研习插花艺术创作知识，结合节庆寓意创作节庆主题花艺作品，撰写探究小论文</td></tr>
<tr><td rowspan="2">教学目标</td><td>结果性目标</td><td colspan="4">通过以节庆和特殊时刻为主题，了解艺术插花的创作思路、学习基础理论和操作技巧，创作不同节庆花艺作品</td></tr>
<tr><td>体验性目标</td><td colspan="4">体验不同主题的插花创作之间的关联；体验插花创作与节庆的关联；体验劳动与美好生活的关联，感受节庆花艺在生活中的运用</td></tr>
<tr><td>检测点</td><td colspan="5">插花作品与节庆寓意之间的关联</td></tr>
<tr><td>检测任务</td><td colspan="5">插花作品对节庆寓意的恰当表达</td></tr>
<tr><td rowspan="4">分类标准</td><td colspan="5">A．插花作品在选材、布局、手法等方面能够恰当地表达节庆寓意</td></tr>
<tr><td colspan="5">B．插花作品在选材、布局等方面能够恰当地表达节庆寓意，但手法不娴熟</td></tr>
<tr><td colspan="5">C．插花作品在选材、布局等方面能够对节庆寓意有一定的表达，但手法不娴熟，表达不很充分</td></tr>
<tr><td colspan="5">D．插花作品不能表达节庆寓意</td></tr>
<tr><td rowspan="5">检测统计</td><td>分类等级</td><td colspan="2">学生人数（总人数16人）</td><td colspan="2">所占百分比</td></tr>
<tr><td>A</td><td colspan="2">7</td><td colspan="2">44%</td></tr>
<tr><td>B</td><td colspan="2">6</td><td colspan="2">37%</td></tr>
<tr><td>C</td><td colspan="2">3</td><td colspan="2">19%</td></tr>
<tr><td>D</td><td colspan="2">0</td><td colspan="2"></td></tr>
<tr><td>检测分析及结果运用</td><td colspan="5">绝大部分同学能够完成结果性目标和体验性目标，很好地创作节日花礼，并探究节日花礼的特点和主题寓意</td></tr>
<tr><td>学生深度体验典型实例</td><td colspan="5">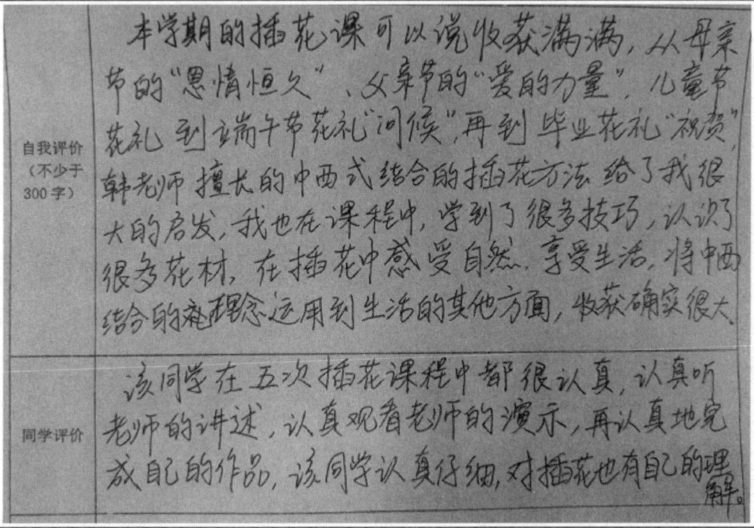
自我评价（不少于300字）：本学期的插花课可以说收获满满，从母亲节的"恩情恒久"、父亲节的"爱的力量"，儿童节花礼到端午节花礼"问候"，再到毕业花礼"祝贺"，韩老师擅长的中西式结合的插花方法给了我很大的启发，我也在课程中，学到了很多技巧，认识了很多花材，在插花中感受自然，享受生活，将中西结合的理念运用到生活的其他方面，收获确实很大。
同学评价：该同学在五次插花课程中都很认真，认真听老师的讲述，认真观看老师的演示，再认真地完成自己的作品，该同学认真仔细，对插花也有自己的理解。</td></tr>
</table>

续表

检测 反馈	高一年级颜佳艺同学，很认真地完成了本次课程，其中在中西式结合的插花方式学习中，给了她很大的启发，对插花有了自己的理解。同样赵文琪同学从花礼中感受到了节日的气息与温暖，还感受到了自然的美，通过这次插花艺术课，将中西结合的插花理念运用到生活的其他方面

插花课学习与实践的研究体验

本次插花艺术课程是以节日为主题，作为一门很有趣的艺术，插花在人们的日常生活中越来越普遍了，如今在学校很有幸选到了这门课程。中国人向来讲究天人合一，而插花美好的寓意，与古人的理念颇为吻合，因而也让插花艺术不断创新，逐渐流传了下来。而在插花的过程当中，古人也将大自然与哲学思想联系在一起，完美融合。

这门课程，很惋惜的是只上了五次课，不过也学到了很多插花知识，学会了认植物、剪花枝、修花枝、做造型等，收获颇多。印象深刻的是第五次课，在设计的基础上，当堂完成插花作品，然后由老师和同学相互点评，最后根据老师和同学的建议进行修改，让插花变得更加完美。

第一课时：母亲节主题花艺——“恩情恒久”

第二课时：父亲节主题花艺——“爱的力量”

第三课时：儿童节主题花艺——“欣欣向荣”

第四课时：端午节主题花艺——“问候”

第五课时：毕业主题花艺——花束设计“祝贺”

川大附中学业水平与研究素养关系的调查研究

“川大附中学业水平与研究素养关系的调查研究”课程开发规划纲要

课程首席教师：马玲（教育科研处）

课程参与教师：熊文俊　冯小辉（教育科研处）

<table>
<tr><td>课程名称</td><td colspan="8">学业水平与研究素养关系的调查研究</td></tr>
<tr><td>课程类型
（勾选）</td><td></td><td>必修的综合实
践活动课程</td><td></td><td>必修的
劳动课程</td><td></td><td>选修的
学科课程</td><td>√</td><td>选修的
校本课程</td></tr>
<tr><td>实施对象</td><td colspan="3">高一年级学生</td><td colspan="2">建议选课
学生人数</td><td colspan="3">20 人</td></tr>
<tr><td>课程课时及
上课时段</td><td colspan="8">五次课 10 课时，划定课程时段</td></tr>
<tr><td>课程背景</td><td colspan="8">学生背景
1.知识储备
通过初中阶段以及高一上学期的学习，学生具备一定的观察与记录实验现象、分析实验结果的能力；通过相应学科科学史的学习，学生对科学研究的开展有一定的了解。通过高一上学期的学习，学生对我校的“培养—研究性”大学附中的办学特色有一定的了解，学生们的研究意识已初步形成，但是学生的研究方法和研究能力还较为欠缺，对于如何选定一个科学问题并选用合理的研究方法去解决的能力还有待加强，研究方案的设计、研究结果的科学分析的能力也有待进一步提高。
2.研究素养
我校的办学特色是“培养—研究性”大学附中，“以研究性课程和研究性教师培养研究性学生的特征”，学生在高一入学前就通过各类宣传宣讲活动了解了我校的这一办学特色，加上高一上学期的学习，学生们的研究意识已见雏形，但研究方法和研究能力有待实践总结和提高。可以借助学生的研究意识，设定一个真实情境，在本课程开展过程中深度吸引学生体验研究方法，体会科学探究的一般过程，在实践中提升学生的研究素养。
资源背景
1.硬件资源背景：学校图书馆和学校机房能够为学生查阅资料提供便利。
2.人力资源背景：课程教师可以为学生的研究提供理论与技术指导。
技术与教育教学的深度融合
PPT、投影、黑板、EXCEL 软件、SPSS21.0 软件</td></tr>
<tr><td>课程内容
（核心问题）</td><td colspan="8">核心问题：问卷调研我校学生研究素养现状，运用恰当工具研究其与学业水平间的关系，反思研究过程，撰写研究报告。
问题：
1. 如何科学设计研究方案？
2. 如何分解研究素养？
3. 如何合理选用研究方法，运用研究工具开展研究？
4. 如何撰写研究成果？
活动：查阅文献资料、设计研究方案、实施方案、撰写报告</td></tr>
</table>

续表

<table>
<tr><td>课程目标</td><td colspan="6">结果性目标
1. 查阅文献资料，设计研究方案并实。
2. 合理选用研究方法，运用研究工具，撰写研究报告，展示、交流与探讨研究成果。
体验性目标
1.在查阅文献资料、设计研究方案、选用研究方法、运用研究工具的活动中，体验问题解决与问题情境、方案设计及研究方法，研究工具之间的关联。
2.在分析实验数据的活动中，体验学业水平与研究素养间的关系</td></tr>
<tr><td rowspan="8">课次计划</td><td>课次</td><td>主题</td><td>研究环节</td><td>学生活动</td><td>课前课后任务</td><td>活动地点及技术融合</td></tr>
<tr><td rowspan="4">1</td><td rowspan="4">课程简介及问题的发现与确立</td><td>课程简介</td><td>聆听讲解</td><td rowspan="4">课中：分小组，初步确定科学课题，设计研究方案。
课后：小组继续查阅资料，明确分工，完善研究方案</td><td rowspan="4">数字实验室(含电脑设备)PPT、投影、黑板</td></tr>
<tr><td>提出问题</td><td>根据设定的真实情境，查阅相关文献资料，了解这一领域的发展历史、研究现状以及未来趋势，提出科学问题</td></tr>
<tr><td>组建团队</td><td>按课题研究方向进行分组</td></tr>
<tr><td>初步设计研究方案</td><td>查阅资料，初步撰写研究方案</td></tr>
<tr><td rowspan="2">2</td><td rowspan="2">解决问题1：合理选用研究方法</td><td>搜集信息</td><td>查阅资料，课前收集研究方法的相关信息，初步了解其种类及含义</td><td rowspan="2">课前：查阅资料</td><td rowspan="2">数字实验室(含电脑设备)PPT、投影、黑板</td></tr>
<tr><td>明确研究方法</td><td>根据提出的科学问题，选用文献研究法、问卷调查法以及统计分析法，明确问卷调查法的方法步骤</td></tr>
<tr><td>3</td><td>解决问题2：运用研究工具</td><td>实施操作</td><td>运用研究工具（SPSSAU及EXCEL科学分析研究结果——预调查）</td><td>课后：完成数据的分析——预调查</td><td>数字实验室（含电脑设备）PPT、投影、黑板、EXCEL软件、SPSS21.0软件</td></tr>
</table>

续表

<table>
<tr><td rowspan="7">课次计划</td><td>课次</td><td>主题</td><td>研究环节</td><td>学生活动</td><td>课前课后任务</td><td>活动地点及技术融合</td></tr>
<tr><td>4</td><td>实施研究，撰写研究成果</td><td>实施研究，撰写成果</td><td>通过随机抽样的方法展开正式调查，对收集到的数据进行分析(包括描述性统计分析、差异性分析和相关性分析)，撰写研究报告</td><td>课前：汇总、整理资料。
课中：分析数据。
课后：撰写研究成果（研究报告或论文）</td><td>数字实验室(含电脑设备）PPT、EXCEL软件、SPSSAU软件</td></tr>
<tr><td rowspan="5">5</td><td rowspan="5">评价反馈：展示研究结果，提出新问题</td><td>反思研讨</td><td>分组展示研究成果，展开交流评价，反思研究过程（研究方法的运用是否科学合理、研究数据的分析是否科学可靠）</td><td rowspan="5">课前：制作PPT
课后：完善实验报告并将成果打包汇总并上传</td><td rowspan="5">数字实验室(含电脑设备）PPT、投影、黑板</td></tr>
<tr><td>提出新问题</td><td>在已有研究的基础上提出新问题</td></tr>
<tr><td>修改报告</td><td>修改研究报告</td></tr>
<tr><td>资料入库</td><td>汇总、整理设计的过程性资料</td></tr>
<tr></tr>
<tr><td>学生作品</td><td colspan="6">研究方案、研究成果（论文或研究报告）</td></tr>
<tr><td>评价方式</td><td colspan="6">1.在课程开设过程中进行生生互评、师生间的多向、多元评价。
2.研究报告的等级评定</td></tr>
<tr><td>安全保障</td><td colspan="6">加强安全教育，建立小组活动安全保障机制</td></tr>
<tr><td>条件保障</td><td colspan="6">课程开发组外部保障
学校图书馆，信息中心等为课程开设提供了场地、资源获取和技术指导保障。
课程开发组内部保障
教师团结协作和具有研究能力的教师的指导</td></tr>
<tr><td>开发次第</td><td colspan="6">课程为首次开发</td></tr>
<tr><td>课程审批</td><td colspan="6">1.课程教学处：　　签　章　　年　月　日
2.学生发展处：　　签　章　　年　月　日</td></tr>
</table>

“学业水平与研究素养关系的调查研究”成果交流展示

一、教学分析设计

1. 活动分析

（1）选题介绍。

我校的办学特色是“培养—研究性”大学附中，“以研究性课程和研究性教师培养研究性学生的特征”，学生在高一入学前就通过各类宣传宣讲活动了解了我校的这一办学特色，加上高一上学期的学习，学生们的研究意识已见雏形，但研究方法和研究能力有待实践总结和提高。可以借助学生的研究意识，设定一个真实情境，在本课程开展过程中深度吸引学生体验研究方法，体会科学探究的一般过程，在实践中提升学生的研究素养。

（2）课程介绍。

本课程本学期共开设了五次课，本次课为第五次课，此次课的核心任务是各小组展示交流阶段性研究成果，相互讨论。

（3）课程能力分解。

展示、交流、探讨。

（4）课程特征。

①实践性特征：我校的培养目标是培养“全面发展、长于研究”的研究性人才，但是研究素养与学业水平到底存在着什么样的关系呢？学生并不清楚，这个课题就是教师带学生一起查阅文献、运用恰当工具进行研究、撰写研究报告。

②综合性特征：这是一个多学科综合能力运用的过程，计算机、数学、语文……

③活动性特征：此次课程设计根据研究素养一级维度的拟定，将学生分为三个组，每组一位同学负责，合作开展探究活动。从查阅文献、收集资料、运用工具、制作 PPT 等过程中，小组之间相互学习，取长补短，小组内部分工合作，互帮互助。能够以活动为载体，培养学生开展组织活动的能力和团队协作的精神。

2. 学生分析

对高一学生来说，学生有很强的探究欲望。学生对我校的“培养—研究性”大学附中的办学特色有一定的了解，学生们的研究意识已初步形成，但是学生的研究方法和研究能力还较为欠缺，对于如何选定一个科学问题并选用合理的研究方法去解决的能力还有待加强，研究方案的设计、研究结果的科学分析的能力也有待进一步提高。

3. 目标分析

结果性目标：撰写研究报告、制作 PPT，展示、交流与探讨研究成果。

体验性目标：通过查阅文献资料、设计方案并展开实施、分析数据及分享研究成果，体验科学探究的一般过程。

4. 资源分析

本次课为室内课，所用主要教学资源如下表所示：

教学资源	选用意图	来源
PPT、投影、电脑	用于学生交流展示	S402

5. 主题分析

按课程规划纲要的课次规划，基于前面对本次课程活动与学生的分析，将本次课的活动主题确定为：阶段性研究成果的展示交流与探讨。

二、第五次课教学实施设计

1. 活动人员

学科选修课3位老师、教科处老师和20名高一学生

2. 活动时间

2022年6月14日

3. 教学环节

环节	学生活动	教师活动	设计意图
教学引入	跟着教师回顾本期课题的前期研究状况，明确本次课的活动任务	简要介绍本课程内容，引出本次课的交流任务：分组进行展示，汇报阶段性研究成果	带学生回顾前期研究情况，帮助学生快速进入本次课的学习活动状态，明确本节课的主要任务
展示交流	1.分小组展示 第一组《学业水平与研究素养关系的调查研究之与研究精神的关系》。 第二组《学业水平与研究素养关系的调查研究之与社会责任感的关系》。 第三组《学业水平与研究素养关系的调查研究之与实践能力的关系》。 2.教师评价 根据PPT内容是否具有科学性、全面性，结果结论分析的正确性以及讲解语言的表达两方面进行评分	引导同学们的展示与交流活动，根据评分要点给各个展示小组评分	1.通过展示交流，使学生的语言表达能力、逻辑思维能力、团队协作能力得到锻炼和提升。 2.分小组展示开展研究的过程及成果，提升其研究的能力
评价反馈	学生在教师的引导下反思本次课的内容	对本次研究课题进行总结，对学生在研究中的表现进行评价	教师总结、学生反思本课程研究思路、研究方法，为后续研究打下基础

4. 评价预设

（1）就教学活动中对学生进行的即时、口语为主的评价预设。

小组活动环节：对各小组的展示交流情况、小组展示包含的研究性彰显程度进行评价。

（2）就教学活动后的评价预设。

从本次课教学目标达成情况的视角，对学生上交的过程性资料、研究报告等进行评价并及时反馈。

5. 板书设计（略）

6. 教学流程图

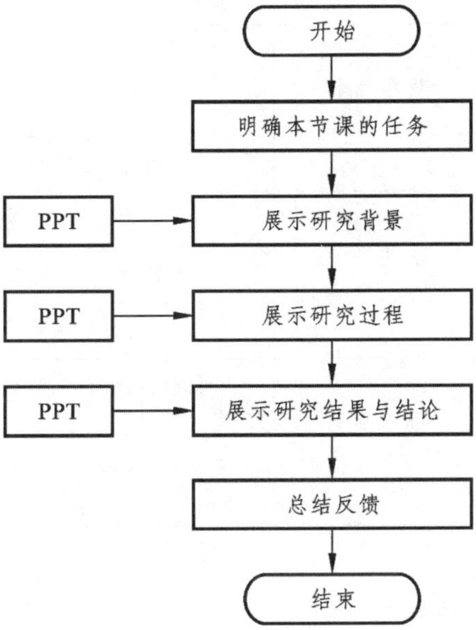

三、教后评价设计

1. 信息搜集

本次校本选修课将学生分成三个小组，展开探究和学习，课后查看学生的学习记录。

2. 自我评价

结合学生活动中的行为及表现、活动写实记录表，本次课较好地达成了体验性目标和结果性目标，通过查阅文献资料、设计方案并展开实施、分析数据及分享研究成果，体验科学探究的一般过程和方法，提升研究素养。

3. 反馈调整

对 SPSSAU 软件的相关原理需要进一步研究。

川大附中项目课程核心问题教学评价表

评价目标	评价指标			评价结果	
	一级指标	二级指标	三级指标		
实现活动体验中的学习与发展	具有核心问题教学形态	核心问题利于活动体验	内含客观问题和学生活动方式	8	每项指标最高评8分
			问题情景与真实生活密切相关	7	
			能引发新知识、新方法的生成	8	
		教学目标价值引导恰当	两类目标正确全面	8	
			关联体验目标恰当	8	
			目标价值引导显现	8	
		教学环节完整合理落实	教学环节清晰完整	7	
			环节内容合理充实	8	
			学生活动时间充分	8	
		教学要素相互匹配促进	问题目标环节两两匹配	8	
			技术促进活动形式内容	8	合计 94 分
			课程特点突出氛围浓郁	8	
	具有核心问题教学实质	拓展学习视野	课程与现实世界有恰当关联	选择一个表现突出的二级指标，在相应三级指标引导下，以现场学生表现为依据，于本表的第二页写出150字以上的简要评价	
			有基于缄默知识的问题解决		
			有缄默知识运用的追踪剖析		
		投入实践活动	有真实而且完整的实践活动		
			能够全身心地浸渍于活动中		
			活动的内容结果均丰富深入		
		感受意义关联	有核心问题的深层意义感受		
			有以知识为中心的关联感受		
			有以个人为中心的关联感受		
		自觉反思体验	有实质性反思活动的开展		
			有课程新因素的追踪利用		
			有体验的交流与改善重构		
		乐于对话分享	乐于自我的表达与认真的倾听		
			乐于合作中成果与思路的分享		
			有宽容的对话氛围和双向交流		
		认同体验评价	认可体验评价		
			参与体验评价		
			利用体验评价		

续表

核心问题教学实质的简要评价
本节课核心问题教学实质比较突出的是投入实践活动。本课程学生分为三组：第一组探究学业水平与研究素养关系之与社会责任感的关系，第二组探究学业水平与研究素养关系之与实践能力的关系，第三组探究学业水平与研究素养关系之与研究精神的关系。 首先，三个小组的探究过程都遵循科学探究的一般过程，即基于现实需求与好奇心提出问题，明确研究思路，将问题分解成学业水平与研究素养两大问题，学业水平的数据是已有的，取的是学生上一次期末调研成绩与这学期期中考试成绩，但是有关研究素养的数据是没有的，因此学生分组研讨，自制调查问卷，为了问卷更加客观、科学，学生还查找了相应的 PISA 试题，问卷制作完成之后，学生分别在高一、高二随机抽取各 4 个班进行调查，对获得的数据用于 SPSSAU 软件进行分析，最后完成了研究报告。 其次，学生的研讨、发放并回收问卷常常是利用课余时间，学生在整个过程中高度投入，表现出浓厚的探究兴趣和热情，表明本课程的探究活动能够促进学生全身心沉浸其中。 最后，学生在本门课程中运用到了文献研究法、问卷调查法以及统计分析法，进行了相关文献的查阅并整理、反复对小组所设计的问卷进行审核、修改，对获取到的数据进行处理和分析，最终完成了研究报告，活动内容丰富且关联性很强，学生不仅要熟悉每个活动环节，还需要深入了解每个步骤的具体实施要领，并动手实施，学生在课程中深度体验了问题解决与问题情境、方案设计及研究方法，研究工具之间的关联

川大附中项目课程目标达成点检测表

<table>
<tr><td rowspan="4">基本信息</td><td>课程名称</td><td colspan="2">学业水平与研究素养关系的调查研究</td><td>课程类别</td><td colspan="3">必修的校本选修课程</td></tr>
<tr><td>首席教师</td><td colspan="2">马玲</td><td>组/处</td><td colspan="3">教育科研处</td></tr>
<tr><td>参与教师</td><td>熊文俊</td><td>组/处</td><td>教育科研处</td><td>参与教师</td><td>冯小辉</td><td>组/处</td><td>教育科研处</td></tr>
<tr><td>年　　级</td><td colspan="2">高一</td><td>上课时间</td><td colspan="4">周二下午三、四节</td></tr>
<tr><td>核心问题</td><td colspan="8">问卷调研我校学生研究素养现状，运用恰当工具研究其与学业水平间的关系，反思研究过程，撰写研究报告</td></tr>
<tr><td rowspan="2">课程目标</td><td>结果性目标</td><td colspan="7">1. 查阅文献资料，设计研究方案并实施。
2. 合理选用研究方法，运用研究工具，撰写研究报告，展示、交流与探讨研究成果</td></tr>
<tr><td>体验性目标</td><td colspan="7">1.在查阅文献资料、设计研究方案、选用研究方法、运用研究工具的活动中，体验问题解决与问题情境、方案设计及研究方法，研究工具之间的关联。
2.在分析实验数据的活动中，体验学业水平与研究素养间的关系</td></tr>
<tr><td>检测点</td><td colspan="8">问题解决与研究方法，研究工具之间关联的体验</td></tr>
<tr><td>检测任务</td><td colspan="8">能利用规范的研究方法、合适的研究工具得到具备研究性的成果</td></tr>
<tr><td rowspan="4">分类标准</td><td colspan="8">A．能利用规范的研究方法、合适的研究工具得到具备研究性的成果</td></tr>
<tr><td colspan="8">B．能利用规范的研究方法、合适的研究工具得到比较具备研究性的成果</td></tr>
<tr><td colspan="8">C．基本能利用规范的研究方法、合适的研究工具得到比较具备研究性的成果</td></tr>
<tr><td colspan="8">D．不能利用规范的研究方法、合适的研究工具得到具备研究性的成果</td></tr>
<tr><td rowspan="5">检测统计</td><td>分类等级</td><td colspan="3">学生人数（总人数20人）</td><td colspan="4">所占百分比</td></tr>
<tr><td>A</td><td colspan="3">13</td><td colspan="4">65%</td></tr>
<tr><td>B</td><td colspan="3">3</td><td colspan="4">15%</td></tr>
<tr><td>C</td><td colspan="3">2</td><td colspan="4">10%</td></tr>
<tr><td>D</td><td colspan="3">1</td><td colspan="4">5%</td></tr>
<tr><td>检测分析结果运用</td><td colspan="8">根据检测数据可知，绝大部分学生都能利用规范的研究方法、合适的研究工具得到具备研究性的成果，这说明本次课程开设的内容达到了预期的教学效果，实现了“通过查阅文献资料、设计问卷、选用研究工具等多种活动方式，在探究学业水平与研究素养关系的过程中，体验问题解决与研究方法、研究工具之间的关联；在分析实验数据的活动中，体验学业水平与研究素养间的关系”的体验性目标。但是由于探究过程耗时长，并且需要利用课余时间，投入较多精力，小组中存在分工不够明确，个别学生任务相对较少，投入精力不多，因此在今后的课程中要明确小组成员中每个人的任务分工，及时对每个学生的任务完成情况进行考核，督促每位学生参与到探究活动中来</td></tr>
</table>

续表

<table>
<tr>
<td>体验典型实例</td>
<td>
能够完整、准确表述探究过程，积极参与探究活动，娴熟运用 SPSSAU 进行数据分析，得到实验结果。
表 12　研究精神得分情况描述统计量
<table>
<tr><th>统计量</th><th>N</th><th>总分</th><th>极小值</th><th>极大值</th><th>均值±标准差</th><th>总分折合为 100 分
均值±标准差</th></tr>
<tr><td>研究精神总得分</td><td>331</td><td>40</td><td>15</td><td>39</td><td>30.38±4.06</td><td>75.95±10.15</td></tr>
</table>
表 15　研究精神各维度得分情况描述统计量
<table>
<tr><th>统计量</th><th>N</th><th>总分</th><th>极小值</th><th>极大值</th><th>均值±标准差</th><th>总分折合为 100 分
均值±标准差</th></tr>
<tr><td>敢于质疑总得分</td><td>331</td><td>8</td><td>2</td><td>8</td><td>6.87±1.02</td><td>85.88±12.75</td></tr>
<tr><td>勇于探索总得分</td><td>331</td><td>24</td><td>6</td><td>23</td><td>17.92±2.74</td><td>74.67±11.42</td></tr>
<tr><td>善于合作总得分</td><td>331</td><td>8</td><td>2</td><td>2</td><td>5.68±1.47</td><td>71.00±18.38</td></tr>
</table>
</td>
</tr>
<tr>
<td>检测反馈</td>
<td>该课程学生根据本课程所学知识，选用研究方法，利用研究工具进行数据分析，得到研究结果，并撰写了数据分析报告、制作了课程 PPT。从报告以及 PPT 的内容来看，该课程学生清楚了解研究问题的基本流程与方法，并且熟练地掌握了两种研究工具（SPSSAU 和 EXCEL），解决了本课程的问题——研究素养包括哪些方面？学生研究素养水平如何？学业水平与研究素养存在着什么样的关系？故此我们认为该课程学生较好地学会了利用规范的研究方法、合适的研究工具得到具备研究性的成果，他们较好地达成了关联体验点“体验问题解决与研究方法、研究工具之间的关联”</td>
</tr>
</table>

研究素养调查问卷数据分析

一、调查问卷样本构成

表 1　调查问卷样本构成

类型	项目	频数	百分比
性别	男	203	61.33%
	女	128	38.67%
年级	高一	168	50.76%
	高二	163	49.24%
班级属性	博士班	196	59.22%
	实验班	92	27.79%
	平行班	43	12.99%

二、调查问卷可靠性分析

1. 研究素养整体调查问卷信度

信度指的是测验工具所测得结果的一致性和稳定性，信度系数越高，测试结果的可信程度就越强，结论也更具有说服力。本研究采用 Cronbach’s Alpha 系数检测学生研究素养调查问卷的信度，将学生的分数输入 Excel 中，再将数据上传到 SPSSAU，借助 SPSSAU 对数据进行可靠性分析，得到调查问卷的 Cronbach’s Alpha 系数的值为 0.874，信度高于 0.8，表明调查问卷的信度较好，结果如表 2 所示。

表 2 调查问卷可靠性统计量

Cronbach's Alpha	项数
0.874	28

2. 研究素养—实践能力调查问卷信度

表 3 调查问卷可靠性统计量

Cronbach's Alpha	项数
0.681	8

从上表可知，信度系数值为 0.681，大于 0.6，因而说明研究数据信度质量可以接受。

3. 研究素养—研究精神调查问卷信度

表 4 调查问卷可靠性统计量

Cronbach's Alpha	项数
0.708	10

从上表可知，信度系数值为 0.708，大于 0.7，因而说明研究数据信度质量良好。

4. 研究素养—社会责任感调查问卷信度

表 5 调查问卷可靠性统计量

Cronbach's Alpha	项数
0.833	10

从上表可知，信度系数值为 0.833，大于 0.8，因而说明研究数据信度质量高。

三、调查问卷效度分析

1. 研究素养整体调查问卷效度

效度指的是测验的有效性和正确性，即一个测验能够测量出其所要测量特征的正确性程度，用于衡量调查问卷是否能有效测量学生的研究素养。从内容效度分析，在调查问卷的编制过程中，充分听取教科室教师以及学生对调查问卷内容和结构编制的建议，反复审核、修改调查问卷，最终完成调查问卷的编制，保证其内容效度。运用 SPSSAU 对调查问卷的结构效度进行检验，具体检测结果如表 6 所示，KMO 值高于 0.8，说明研究数据非常适合信息提取。

表 6 调查问卷的 KMO 和巴特利特检验

指标名称	数值
KMO 取样适切性量数	0.881
Bartlett 球形度检验近似卡方	3339.545
显著性	0.000

2. 研究素养—实践能力调查问卷效度

表 7 调查问卷的 KMO 和巴特利特检验

指标名称	数值
KMO 取样适切性量数	0.768
Bartlett 球形度检验近似卡方	745.816
显著性	0.000

从上表可以看出，KMO 值为 0.768，介于 0.7 ~ 0.8 之间，说明研究数据适合提取信息。

3. 研究素养—研究精神调查问卷效度

表 8　调查问卷的 KMO 和巴特利特检验

指标名称	数值
KMO 取样适切性量数	0.759
Bartlett 球形度检验近似卡方	625.879
显著性	0.000

从上表可以看出，KMO 值为 0.759，介于 0.7 ~ 0.8 之间，研究数据适合提取信息。

4. 研究素养—社会责任感调查问卷效度

表 9　调查问卷的 KMO 和巴特利特检验

指标名称	数值
KMO 取样适切性量数	0.825
Bartlett 球形度检验近似卡方	906.018
显著性	0.000

从上表可以看出，KMO 值为 0.825，KMO 值大于 0.8，研究数据非常适合提取信息。

四、研究素养的描述性统计分析

1. 总体描述性统计结果及分析

表 10　研究素养总成绩描述统计量

统计量	N （调查总数）	总分	极小值	极大值	均值±标准差	总分折合为 100 分 均值±标准差
研究素养总得分	331	112	31	110	84.26±10.81	75.23±9.65

结果显示，被试学生的研究素养的平均得分为 84.26 分，调查问卷的总分为 112 分，换算成百分制分后被试学生的平均得分为 75.23，被试学生的平均成绩大于及格分，说明被试总体的研究素养处于中等偏上水平。样本总成绩的标准差换算成百分制分后是 9.65，极差为 79，其中最低分为 31 分，最高分为 110 分，说明学生的研究素养水平分布较不均衡。

2. 研究素养二级维度的描述性统计结果及分析

（1）实践能力维度。

按照对研究素养的解析，对学生在实践能力、社会责任感、研究精神的得分情况进行统计分析，进而深入了解高中生研究素养的具体水平，得到更全面的结果。

表 11 实践能力得分情况描述统计量

统计量	N	总分	极小值	极大值	均值±标准差	总分折合为 100 分均值±标准差
实践能力总得分	331	32	10	31	22.05±4.03	68.91±12.59

表 11 显示学生实践能力得分的均值为 22.05 分，实践能力维度总分为 32，换算成百分制分后学生的平均成绩为 68.91，说明被试总体的实践能力水平处于中等水平，样本总成绩的标准差换算成百分制分后是 12.59，说明学生的测试成绩分布极不均衡。

（2）研究精神维度。

表 12 研究精神得分情况描述统计量

统计量	N	总分	极小值	极大值	均值±标准差	总分折合为 100 分均值±标准差
研究精神总得分	331	40	15	39	30.38±4.06	75.95±10.15

表 12 显示学生研究精神得分的均值为 30.38 分，研究精神维度总分为 40，换算成百分制分后学生的平均成绩为 75.95，说明被试总体的研究精神处于中等偏上水平，样本总成绩的标准差换算成百分制分后是 10.15，说明学生的测试成绩分布不均衡。

（3）社会责任感维度。

表 13 社会责任感得分情况描述统计量

统计量	N	总分	极小值	极大值	均值±标准差	总分折合为 100 分均值±标准差
社会责任感总得分	331	40	11	44	34.52±5.09	86.30±12.73

表 13 显示学生社会责任感得分的均值为 34.52 分，社会责任感维度总分为 40 分，换算成百分制分后学生的平均成绩为 86.30，说明被试总体的社会责任感达到较高水平，样本总成绩的标准差换算成百分制分后是 12.73，说明学生的测试成绩分布极不均衡。

3. 实践能力三级维度的描述性统计结果及分析

按照对实践能力的解析，对学生在发现与解决问题能力、检验与表达结果能力、评价与推广成果的能力的得分情况进行统计分析，进而深入了解高中生实践能力的具体水平，得到更全面的结果。

表 14 实践能力各维度得分情况描述统计量

统计量	N	总分	极小值	极大值	均值±标准差	总分折合为 100 分均值±标准差
发现与解决问题能力总得分	331	24	8	24	16.78±3.23	69.92±13.46

续表

统计量	N	总分	极小值	极大值	均值±标准差	总分折合为100分均值±标准差
检验与表达结果能力总得分	331	4	1	4	2.82±0.82	70.50±20.50
评价与推广成果能力总得分	331	4	1	4	2.45±0.92	61.25±23.00

表14显示学生发现与解决问题能力得分的均值为16.78分，发现与解决问题能力维度总分为24分，换算成百分制分后学生的平均成绩为69.92，说明被试总体的发现与解决问题能力还有待提高，样本总成绩的标准差换算成百分制分后是13.46，说明学生的测试成绩分布极不均衡。学生检验与表达结果能力得分的均值为2.82分，检验与表达结果能力维度总分为4分，换算成百分制分后学生的平均成绩为70.05，说明被试总体的检验与表达结果能力还有待提高，样本总成绩的标准差换算成百分制分后是20.50，说明学生的测试成绩分布极不均衡。学生评价与推广成果能力得分的均值为2.45分，评价与推广成果能力维度总分为4分，换算成百分制分后学生的平均成绩为61.25，说明被试总体的检验与表达结果能力处于较低水平，样本总成绩的标准差换算成百分制分后是23.00，说明学生的测试成绩分布极不均衡。

4. 研究精神三级维度的描述性统计结果及分析

按照对研究精神的解析，对敢于质疑、勇于探索、善于合作的得分情况进行统计分析，进而深入了解高中生研究精神的具体水平，得到更全面的结果。

表15 研究精神各维度得分情况描述统计量

统计量	N	总分	极小值	极大值	均值±标准差	总分折合为100分均值±标准差
敢于质疑总得分	331	8	2	8	6.87±1.02	85.88±12.75
勇于探索总得分	331	24	6	23	17.92±2.74	74.67±11.42
善于合作总得分	331	8	2	8	5.68±1.47	71.00±18.38

表15显示学生敢于质疑维度得分的均值为6.87分，敢于质疑维度总分为8分，换算成百分制分后学生的平均成绩为85.88，由此可知，绝大部分学生都具有敢于质疑权威的态度。样本总成绩的标准差换算成百分制分后是12.75，说明学生的测试成绩分布不均衡。学生勇于探索维度得分的均值为17.92分，勇于探索维度总分为24分，换算成百分制分后学生的平均成绩为74.67，说明大部分学生都能不畏困难、大胆尝试，具有坚持不懈的探索精神。样本总成绩的标准差换算成百分制分后是11.42，说明学生的测试成绩分布不均衡。学生善于合作维度得分的均值为5.68分，善于合作维度总分为8分，换算成百分制分后学生的平均成绩为71.00，说明部分学生有较强的合作交流能力。样本总成绩的标准差换算成百分制分后是18.38，说明学生的测试成绩分布极不均衡。

5. 社会责任感三级维度的描述性统计结果及分析

按照对社会责任感的解析，对自我的责任感、对他人的责任感、对家庭的责任感、对集体的责任感、对社会的责任感、对国家的责任感、对人类的责任感的得分情况进行统计分析，进而深入了解高中生社会责任感的具体水平，得到更全面的结果。

表 16 社会责任感各维度得分情况描述统计量

统计量	N	总分	极小值	极大值	均值±标准差	总分折合为 100 分均值±标准差
对自我的责任感总得分	331	4	1	4	2.76±0.76	69.00±19.00
对他人的责任感总得分	331	4	1	4	3.35±0.59	83.75±14.75
对家庭的责任感总得分	331	4	1	4	3.38±0.80	84.50±20.00
对集体的责任感总得分	331	4	1	4	3.20±0.79	80.00±19.75
对社会的责任感总得分	331	8	2	8	6.56±1.12	82.00±14.00
对国家的责任感总得分	331	4	1	4	3.53±0.77	88.25±19.25
对人类的责任感总得分	331	12	3	12	8.97±1.95	74.75±16.25

表 16 显示学生对自我的责任感得分的均值为 2.76 分，对自我的责任感维度总分为 4 分，换算成百分制分后学生的平均成绩为 69.00，由此可知，绝大部分学生对自己要求较低，自制力较差。学生对他人的责任感得分的均值为 3.35 分，对他人的责任感维度总分为 4 分，换算成百分制分后学生的平均成绩为 83.75，说明大部分学生乐于帮助他人。学生对家庭的责任感得分的均值为 3.38 分，对家庭的责任感维度总分为 4 分，换算成百分制分后学生的平均成绩为 84.50，说明大部分学生都能够主动帮父母分担家务，关心爱护家庭成员。学生对集体的责任感得分的均值为 3.20 分，对集体的责任感维度总分为 4 分，换算成百分制分后学生的平均成绩为 80.00，说明大部分学生有一定的集体荣誉感。学生对社会的责任感得分的均值为 6.56 分，对社会的责任感维度总分为 8 分，换算成百分制分后学生的平均成绩为 82.00，说明大部分学生都能够主动关心社会热点问题，并且为之做出力所能及的事情。学生对国家的责任感得分的均值为 3.53 分，对国家的责任感维度总分为 4 分，换算成百分制分后学生的平均成绩为 88.25，说明绝大部分学生具有爱国情怀，关心国家发展。学生对人类的责任感得分的均值为 8.97 分，对人类的责任感维度总分为 12 分，换算成百分制分后学生的平均成绩为 74.75，说明部分学生关心对可持续发展问题较为关注，关心人类未来的发展。将样本总成绩的标准差换算成百分制分后发现标准差均大于 10，说明学生的测试成绩分布极不均衡。

五、研究素养的差异性分析

根据被试者的作答情况，对学生的研究素养总体水平以及各个维度水平进行差异性分析，主要从性别差异、年级差异、班级属性差异三个方面进行说明。

表 17　研究素养在性别上的差异

	男（N=203）	女（N=128）	p
研究素养总体得分	84.13±11.99	84.47±8.66	0.768
实践能力	21.99±4.35	22.14±3.47	0.729
研究精神	30.52±4.45	30.16±3.36	0.413
社会责任感	34.43±5.63	34.66±4.12	0.661

注：表中数据为平均值±标准差；$^*p<0.05$

由表 17 可知，女生研究素养总体的平均得分为 84.47 分，换算成百分制分后女生的平均成绩为 75.42 分，男生研究素养总体的平均得分为 84.13，换算成百分制分后男生的平均成绩为 75.12 分，平均分相差 0.30，差别较小；从标准差来看，女生成绩的标准差低于男生，说明女生成绩比男生较为均衡；p 值为 0.768，大于 0.05，故认为高中男、女生在研究素养总体水平上大致相同，不存在显著性差异。从研究素养各维度来看，在研究精神维度男生的平均得分略高于女生；在实践能力维度和社会责任感维度上，女生的平均得分略高于男生。在这三个维度上，p 值均大于 0.05，表明男女生在这三个维度上不存在显著性差异。

表 18 研究素养在年级上的差异

	高一（N=168）	高二（N=163）	p
研究素养总体得分	83.44±10.57	85.11±11.02	0.160
实践能力	21.29±4.19	22.83±3.72	0.000**
研究精神	30.25±4.05	30.52±4.08	0.553
社会责任感	34.59±4.97	34.45±5.23	0.801

注：表中数据为平均值±标准差；$^{**}p<0.01$

由表 18 可知，高一研究素养总体的平均得分为 83.44 分，换算成百分制分后高一的平均成绩为 74.50 分，高二为 85.11 分，换算成百分制分后高二的平均成绩为 75.99 分，平均分相差 1.49；从标准差来看，高一成绩的标准差略低于高二，说明高一成绩比高二较为均衡；p 值为 0.160，大于 0.05，故认为高一、高二在研究素养总体水平上大致相同，不存在显著性差异。从研究素养各维度来看，在实践能力和研究精神维度高二的平均得分高于高一；在社会责任感维度上，高一的平均得分略高于高二。在实践能力维度上，p=0.000，小于 0.01，说明不同年级的学生在该项能力维度上存在极显著性差异，高二年级极显著高于高一年级的学生。而在其他两个维度上，p 值均大于 0.05，表明不同年级的学生在这两项维度上不存在显著性差异。

表 19 研究素养在班级层次上的差异

	清创班（N=196）	实验班（N=92）	平行班（N=43）	*p*
研究素养总体得分	85.54±9.26	84.18±10.90	78.63±14.94	0.001**
实践能力	22.56±3.47	21.76±4.40	20.33±5.05	0.003**
研究精神	30.61±3.73	30.80±4.04	28.44±5.04	0.003**
社会责任感	34.87±4.58	34.59±5.04	32.77±6.89	0.048*

注：表中数据为平均值±标准差；**$p<0.01$，*$p<0.05$

从上表可知，利用方差分析(全称为单因素方差分析)去研究第 3 题（见附件）对于研究素养总成绩、实践能力维度总得分、研究精神维度总得分、社会责任感维度总得分共 4 项的差异性，从上表可以看出：不同第 3 题样本对于研究素养总成绩、实践能力维度总得分、研究精神维度总得分、社会责任感维度总得分全部均呈现出显著性($p<0.05$)，意味着不同第 3 题样本对于研究素养总成绩、实践能力维度总得分、研究精神维度总得分、社会责任感维度总得分均有着差异性。具体分析可知：

第 3 题对于研究素养总成绩呈现出 0.01 水平显著性(F=7.485，p=0.001)，以及具体对比差异可知，有着较为明显差异的组别平均值得分对比结果为“博士班>平行班;实验班>平行班”（同时也可以使用折线图进行直观展示）。

第 3 题对于实践能力维度总得分呈现出 0.01 水平显著性(F=5.915，p=0.003)，以及具体对比差异可知， 有着较为明显差异的组别平均值得分对比结果为“博士班>平行班”（同时也可以使用折线图进行直观展示）。

第 3 题对于研究精神维度总得分呈现出 0.01 水平显著性(F=5.868，p=0.003)，以及具体对比差异可知，有着较为明显差异的组别平均值得分对比结果为“博士班>平行班;实验班>平行班”（同时也可以使用折线图进行直观展示）。

第 3 题对于社会责任感维度总得分呈现出 0.05 水平显著性(F=3.062，p=0.048)，以及具体对比差异可知，有着较为明显差异的组别平均值得分对比结果为“博士班>平行班”（同时也可以使用折线图进行直观展示）。

总结可知：不同第 3 题样本对于研究素养总成绩、实践能力维度总得分、研究精神维度总得分、社会责任感维度总得分全部均呈现出显著性差异。

表 20　高一高二平行班在研究素养上的差异

	高一（N=23）	高二（N=20）	*p*
研究素养总体得分	80.22±14.28	76.80±15.83	0.461
实践能力	20.87±5.17	19.70±4.95	0.455
研究精神	29.09±4.60	27.70±5.53	0.374
社会责任感	33.35±7.04	32.10±6.82	0.560

从上表可以看出，高一和高二平行班在研究素养总成绩、实践能力维度总得分、研究精神维度总得分、社会责任感维度总得分全部均不会表现出显著性($p>0.05$)，全部均表现出一致性，并没有显著差异性。

表 21 高一高二博士班在研究素养上的差异

	高一（N=105）	高二（N=91）	p
研究素养总体得分	85.40 ± 9.60	85.69 ± 8.89	0.826
实践能力	21.90 ± 3.63	23.33 ± 3.11	0.004**
研究精神	30.72 ± 3.89	30.47 ± 3.54	0.639
社会责任感	35.27 ± 4.68	35.27 ± 4.68	0.196

从上表可知，利用 t 检验（全称为独立样本 t 检验）去研究第 2 题（见附件）对于研究素养总成绩、实践能力维度总得分、研究精神维度总得分、社会责任感维度总得分共 4 项的差异性，从上表可以看出：不同第 2 题样本对于研究素养总成绩、研究精神维度总得分， 社会责任感维度总得分共 3 项不会表现出显著性(p>0.05) ，意味着不同第 2 题样本对于研究素养总成绩、研究精神维度总得分、社会责任感维度总得分全部均表现出一致性，并没有差异性。另外第 2 题样本对于实践能力维度总得分共 1 项呈现出显著性(p<0.05)，意味着不同第 2 题样本对于实践能力维度总得分有着差异性。具体分析可知：

第 2 题对于实践能力维度总得分呈现出 0.01 水平显著性(t=-2.945，p=0.004)，以及具体对比差异可知，高一的平均值(21.90)，会明显低于高二的平均值(23.33)。

总结可知：不同第 2 题样本对于研究素养总成绩、研究精神维度总得分、社会责任感维度总得分共 3 项不会表现出显著性差异，另外第 2 题样本对于实践能力维度总得分共 1 项呈现出显著性差异。

表 22 高一高二实验班在研究素养上的差异

	高一（N=40）	高二（N=52）	p
研究素养总体得分	80.15±9.47	87.29±10.99	0.001**
实践能力	19.93±4.66	23.17±3.65	0.001**
研究精神	29.68±4.03	31.67±3.86	0.018*
社会责任感	33.52±4.01	35.40±5.62	0.076

从上表可以看出，高一高二 A1 班在社会责任感维度总得分共 1 项不会表现出显著性(p>0.05) ，均表现出一致性，并没有显著差异性。另外高一高二 A1 班在研究素养总成绩、实践能力维度总得分、研究精神维度总得分共 3 项呈现出显著性(p<0.05)，意味着在研究素养总成绩、实践能力维度总得分、研究精神维度总得分有着差异性、具体分析可知：

在研究素养总成绩呈现出 0.01 水平显著性(p=0.001)，以及具体对比差异可知，高一 A1 的平均值(80.15)会明显低于高二的平均值(87.29)。在实践能力维度总得分呈现出 0.01 水平显著性(p=0.000)以及具体对比差异可知，高一 A1 班的平均值(19.93)会明显低于高二 A1 的平均值(23.17)。在研究精神维度总得分呈现出 0.05 水平显著性(p=0.018)以及具体对比差异可知，高一 A1 的平均值(29.68)会明显低于高二 A1 的平均值(31.67)。

六、研究素养的相关性分析

表 23 学业成绩与研究素养及各个维度的相关性分析

	学业成绩总得分
研究素养总体得分	0.497**
实践能力	0.489**
研究精神	0.370**
社会责任感	0.355**

** p<0.01

从上表可知，利用相关分析去研究实践能力维度总得分、研究素养总成绩、研究精神维度总得分、社会责任感维度总得分分别和学业成绩总得分共 1 项之间的相关关系，使用 Pearson 相关系数去表示相关关系的强弱情况。具体分析可知：实践能力维度总得分与学业成绩总得分共 1 项之间全部均呈现出显著性，相关系数值分别是 0.489，并且相关系数值均大于 0，意味着实践能力维度总得分与学业成绩总得分共 1 项之间有着正相关关系。研究素养总成绩与学业成绩总得分共 1 项之间全部均呈现出显著性，相关系数值分别是 0.497，并且相关系数值均大于 0，意味着研究素养总成绩与学业成绩总得分共 1 项之间有着正相关关系。研究精神维度总得分与学业成绩总得分共 1 项之间全部均呈现出显著性，相关系数值分别是 0.370，并且相关系数值均大于 0，意味着研究精神维度总得分与学业成绩总得分共 1 项之间有着正相关关系。社会责任感维度总得分与学业成绩总得分共 1 项之间全部均呈现出显著性，相关系数值分别是 0.355，并且相关系数值均大于 0，意味着社会责任感维度总得分与学业成绩总得分共 1 项之间有着正相关关系。

表 24 学业成绩与实践能力三级维度的相关性分析

	学业成绩总得分
发现与解决问题的能力	0.468**
检验与表达结果的能力	0.198
评价与推广成果的能力	0.360**

从上表可知，利用相关分析去研究发现与解决问题的能力、检验与表达结果的能力、评价与推广成果的能力分别和学业成绩总得分共 1 项之间的相关关系，使用 Pearson 相关系数去表示相关关系的强弱情况。具体分析可知：发现与解决问题的能力与学业成绩总得分共 1 项之间全部均呈现出显著性，相关系数值分别是 0.468，并且

相关系数值均大于 0，意味着发现与解决问题的能力与学业成绩总得分共 1 项之间有着正相关关系。

检验与表达结果的能力与学业成绩总得分共 1 项之间均不会呈现出显著性，相关系数值分别是 0.198，全部均接近于 0，并且 p 值全部均大于 0.05，意味着检验与表达结果的能力与学业成绩总得分共 1 项之间均没有显著相关。评价与推广成果的能力与学业成绩总得分共 1 项之间全部均呈现出显著性，相关系数值分别是 0.360，并且相关系数值均大于 0，意味着评价与推广成果的能力与学业成绩总得分共 1 项之间有着正相关关系。

表 25 实践能力与社会责任感、研究精神的相关性分析

	实践能力总得分
研究精神	0.367**
社会责任感	0.445**

从上表可知，利用相关分析去研究社会责任感维度总得分、研究精神维度总得分分别和实践能力维度总得分共 1 项之间的相关关系，使用 Pearson 相关系数去表示相关关系的强弱情况。具体分析可知：社会责任感维度总得分和实践能力维度总得分之间的相关系数值为 0.445，并且呈现出 0.01 水平的显著性，因而说明社会责任感维度总得分和实践能力维度总得分之间有着显著的正相关关系。研究精神维度总得分和实践能力维度总得分之间的相关系数值为 0.367，并且呈现出 0.01 水平的显著性，因而说明研究精神维度总得分和实践能力维度总得分之间有着显著的正相关关系。

表 26 社会责任感与实践能力、研究精神的相关性分析

	社会责任感总得分
研究精神	0.593**
实践能力	0.445**

从上表可知，利用相关分析去研究研究精神维度总得分、实践能力维度总得分分别和社会责任感维度总得分共 1 项之间的相关关系，使用 Pearson 相关系数去表示相关关系的强弱情况。具体分析可知：研究精神维度总得分和社会责任感维度总得分之间的相关系数值为 0.593，并且呈现出 0.01 水平的显著性，因而说明研究精神维度总得分和社会责任感维度总得分之间有着显著的正相关关系。实践能力维度总得分和社会责任感维度总得分之间的相关系数值为 0.445，并且呈现出 0.01 水平的显著性，因而说明实践能力维度总得分和社会责任感维度总得分之间有着显著的正相关关系。

表 27 研究精神与实践能力、社会责任感的相关性分析

	研究精神总得分
社会责任感	0.593**
实践能力	0.367**

从上表可知，利用相关分析去研究实践能力维度总得分、社会责任感维度总得分分别和研究精神维度总得分共 1 项之间的相关关系，使用 Pearson 相关系数去表示相关关系的强弱情况。具体分析可知：实践能力维度总得分和研究精神维度总得分之间的相关系数值为 0.367，并且呈现出 0.01 水平的显著性，因而说明实践能力维度总得分和研究精神维度总得分之间有着显著的正相关关系。社会责任感维度总得分和研究精神维度总得分之间的相关系数值为 0.593，并且呈现出 0.01 水平的显著性，因而说明社会责任感维度总得分和研究精神维度总得分之间有着显著的正相关关系。

七、研究结论与发展建议

1. 研究结论

（1）从学业水平与研究素养的关系

①学业水平与研究素养具有显著的正相关关系。

②从学业水平与研究素养各一级维度间的关系看，学业水平与社会责任感、研究精神、实践能力均有显著的正相关关系；其中学业水平与实践能力的盯着度最高；实践能力中，发现与解决问题的能力、评价与推广成果的能力与学业成绩具有显著的正相关关系。

（2）学生研究素养总体水平

受调查学生研究素养的总体水平接近良好水平。

（3）不同群体研究素养的差异

①不同性别学生的研究素养无明显差异。

②不同班型学生的研究素养存在显著差异 ，博士班高于实验班，实验班高于平行班；从研究素养的各一级维度看，社会责任感、研究精神、实践能力均存在显著差异，博士班高于实验班，实验班高于平行班。

③不同年级学生的研究素养存在显著差异 ，高二年级学生研究素养明显高于高一学生；从研究素养的二级维度看，不同年级学生实践能力存在显著差异，高二年级学生明显高于高一年级学生。

2. 发展建议

无论学生、教师还是学校层面看，均应将研究素养提升作为学业水平提升的重要途径。

（1）学生层面

被试总体对自我的责任感得分最低，因此在生活和学习中，学生应端正态度，做事认真负责，要善于听取朋友、学生的劝告，培育责任心，树立正确的价值观；

在日常学习中，学生应多提出问题，养成敢于质疑的态度；提高自己解决问题的积极性，通过自己的努力解决问题；多参加类似课程节、思维节等活动，培养研究精神。

（2）教师层面

教师在教学中可以改良教学方法，增加学生实践的机会；多组织学生以小组合作的形式展开教学，培养学生团队合作能力。

（3）学校层面

学校可以多组织类似课程节、思维节等活动，提高学生评价与推广成果能力；

八、研究不足与后续改进

1. 学业水平仅以两次学生统考成绩为据，不够恰当，可在进一步对“学业水平”学习的基础上，确定更好的数据获得途径。

2. 样本选择仅局限于本校，且各班型比例不够合理，可进一步优化。

3. 研究结论与发展建议不够深入，需进一步完善。

4. 研究中感觉 SPSSAU 很神奇，但不太明白其数据分析原理，希望能够进一步深入学习与研究。

附件：

学业水平与研究素养关系的调查研究问卷调查（部分问卷）

“研究精神”之“敢于质疑”

1. 当你在课堂上感觉老师讲解有误时，你通常会

A.课堂上举手发表自己的观点

B.课后找老师或同学谈自己的观点

C.默不作声，将其忽略

D.从未感到过老师讲解有误

2. 你对待教学参考资料的态度通常是

A.以批判的眼光学习，自主分析，经常会发现其中的问题或不足

B.认真学习，自主分析，有时会发现其中的问题或不足

C.认真学习，并选择其中的好方法解决新的问题，不太关心其中是否存在问题或不足

D.认真学习，努力理解，力争将其学懂

3. 当通过实验得出的结论与教科书上的实验结论不一致时，你会?

A.重复多次实验并查阅相关资料，和老师探讨，直至得到正确的实验结论

B.重复实验，但相比较自己的实验结论而言，更相信教科书上的实验结论一定是正确的

C.不重复实验，觉得自己一定是哪一步骤出错导致实验结论与教材不符

D.没怎么放在心上

4. 在日常的学习生活中，当你遇到老师讲授的知识或者书本知识与你发现的结论具有不一致性时，你的感受是

A.老师讲授的和书本呈现的一定是对的，我的一定错误，不加思考地直接接受老师所讲与书本呈现的知识

B.老师讲授的和书本呈现的一定是对的，我的一定错误，尝试着用老师所讲与书本呈现的知识说服自己

C.老师讲授的和书本呈现的一般是对的，我的结论多半错误，尝试着找出自己结论不正确的地方加以改正

D.老师讲授的和书本呈现的不一定都是对的，我的结论也可能正确，自觉的通过研讨、学习等方式再次进行判断

5. 根据日常学习生活的经验，你对书本知识和教师讲授的知识的认识是

A.书本知识和教师传授知识一定是权威的，不会出错的

B.书本知识和教师传授的知识一定是权威的，一般不会出错

C.书本知识和教师传授的知识不一定是权威的，也可能会存在问题

D.书本知识和教师传授的知识不是权威的，知识是经验，经验不一定可靠

“研究精神”之“勇于探索”(理论)

1. 学习一个新的概念、规律时，你通常的情况是

A.会将它们的来龙去脉搞得清清楚楚，几乎不会出现用错情景的情况

B.很想将它们的来龙去脉搞清楚，但有时做不到；解决问题时偶尔会用错概念、选错规律

C.不特别追求把它们的来龙去脉搞清楚，能搞懂多少算多少；解决问题时有时会用错概念、选错规律

D.会认真将概念、规律本身搞清楚，不会去搞清楚它们的来龙去脉；解决问题时经常会用错概念、选错规律

2. 你是否会因为一个实验与书上不符思考问题出在哪里?

A.会从多个角度进行分析，再次实验验证

B.只从某个角度进行分析，再次实验验证

C.只分析问题，不实验验证

D.不会

3. 在数学课上，面对一道函数题，老师讲解的思路和你自己开始思考的思路不一致，你的做法一般是

A.放弃自己的思路，直接接受老师的思路，因为老师讲的肯定是对的，我的不一定正确

B.暂时放弃自己的思路，直接接受老师的思路，有时间就偶尔思考自己的思路，不管能否想出结果

C.不会放弃自己的思路，但是还是接受老师的思路，下来会继续思考自己的思路直到思考出来为止

D.不会放弃自己的思路，但是还是接受老师的思路，下来会继续思考自己的思路直到思考出来为止，若不能思考出来则一定要搞懂原因

4. 在物理作业完成过程中，遇到你暂时无法思考出来的问题，一般你的做法是

A.直接放弃，等待老师评讲

B.直接放弃，询问同学或查阅答案解决

C.暂时放弃，有时间就回过头来思考

D.决不放弃，一定要思考出来结果，但结果正确与否未知

“研究精神”之“勇于探索”(实验)

1. 社会调查或实验探究中，当获得的数据不满意或研究失败时，你通常会

A. 先分析出现问题的原因，适当调整方案，再调查、实验，直至取得科学、合理的结果

B. 会认真、反复再调查分析或实验探索，直到调研、实验获得成功

C. 会如实记录调查、实验数据，基于数据认真分析

D. 将调查、实验的数据适当调整，以便得出正确的结论

2. 做实验时，若实验不成功或有异常现象，你会?

A.反复重复实验，寻求老师或同学帮助，找到问题所在，直至成功为止

B.重复多次实验，实在不成功就算了

C.重复一两次

D.不重复实验，反正考试不考

3.实验过程中因为不知道的原因导致实验失败你会?

A.询问老师，总结经验，重复实验

B.重复多次实验

C.在实验一次，不行就放弃

D.直接放弃

“研究精神”之“善于合作”(综合)

1. 对于独立思考与交流互动这两类学习方式，你通常的情况是

A.既喜欢深陷于独立思考之中，又享受与同学、老师交流互动的氛围与乐趣，且两类方式运用自如，切换顺畅

B.两类方式都喜欢，但更擅长在交流互动中取长补短

C.两类方式都喜欢，但更擅长通过独立思考将思维导向深入

D.只喜欢独立思考，因为这样不会相互影响，学习效率更高

2. 在做实验时，你最喜欢下列哪种方式?

A.小组合作　　B.和自己的好朋友一起

C.自己单独做　　D.不想参与

3. 在一次化学课上，老师为了调动大家对于化学学习的热情，以同学上台讲题的方式进行课堂互动，一般面对这样的场景，你的做法会是

A.只关注自己要讲的题，别人的讲解不关心

B.主要关注自己的讲解，别人的讲解适当听听

C.既关注自己的讲解，也认真聆听别人的讲解

D.关注别人和自己的讲解内容，还关注相互间的配合互动，乐于进行对话评价交流

“研究精神”之“善于合作”(角色)

1. 在小组、班级、学校等的集体活动中，你经常扮演的角色是

A.进行团队成员分工、协调好各关系，通过带头完成好自己分配到的任务来推动任务进展的组织者

B.能合理进行成员分工、协调各种关系，督促团队成员工作有序推进的组织者

C.以积极、主动的心态认真、优质完成好分配给自己的任务，对团队任务的推进有较大贡献

D.被动地试着完成分配到的任务，不在乎团队任务完成得好与不好，也不太在乎是否能完成团队任务

2. 该题选自 PISA 2015 提供的测试样题。

温室效应：事实还是虚构?

生物需要能量才能生存。维持地球生命的能量来自太阳，因为太阳太热，太阳将能量辐射到太空中。这种能量的一小部分到达地球。地球的大气层就像是保护我们星球表面的保护毯一样，防止了无空气世界中存在的温度变化。来自太阳的大部分辐射能量都穿过地球的大气层。地球吸收了其中的一些能量,有些则从地球表面反射回来。该反射能量的一部分被大气吸收。因此，地球表面上方的平均温度要比没有大气层时的平均温度高。地球大气与温室具有相同的作用，因此称为温室效应。据说在二十世纪，温室效应变得更加明显。事实上，地球大气的平均温度已经升高。在报纸和期刊中，二氧化碳排放量的增加通常被认为是 20 世纪温度上升的主要来源。

一位名叫安德烈的学生对地球大气的平均温度与地球二氧化碳排放之间的可能关系感兴趣。在图书馆中，他遇到了以下两个图形。安德烈从这两张图得出结论，可以肯定的是，地球大气平均温度的升高是由于二氧化碳排放量的增加。

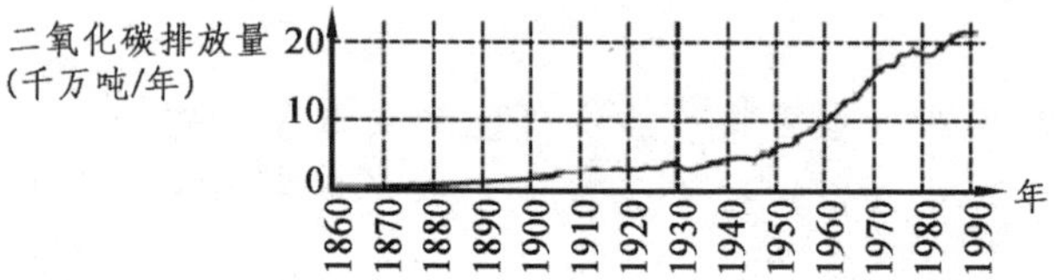

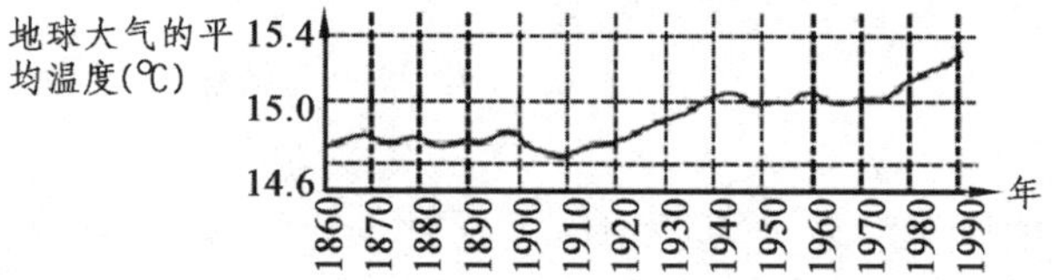

1. 支持安德烈的结论的图是什么?

2. 另一个学生珍妮不同意安德烈的结论。她比较了两个图表,并说图表的某些部分不支持他的结论。举例说明部分图表，这些图表不支持安德烈的结论。解释你的答案。

3. 安德烈坚持他的结论，即地球大气的平均温度升高是由二氧化碳排放量增加引起的。但是珍妮认为他的结论为时过早。她说:“在接受这个结论之前，您必须确保其他可能影响温室效应的因素是不变的。”说出珍妮的意思之一。